えっ、キャベツも生のまま冷凍できるの!?

下ごしらえなし！ 凍ったまま調理！

史上最ラク フリージング大革命

村田裕子

講談社

もくじ

「ダイレクトフリージング」なら、
　冷凍の常識が変わります！　4
ダイレクトフリージングを
　上手に行うために　10

part 1
ダイレクトフリージングのよさが実感できる おすすめ食材BEST5

トップバッターは　豚薄切り肉
　重ねとんかつ　13
　豚肉とキャベツの梅風味蒸し　14
　豚肉と玉ねぎの洋風蒸し　14
　豚肉ともやしのしょうが焼き風　15

生と同じように使える　あさり
　あさりのすまし汁　16
　スパゲティ　ボンゴレ　17
　あさりとブロッコリーの酒蒸し　18
　あさりのチゲ仕立て　19

野菜ならまずこれ！　玉ねぎ
　ポークハヤシライス　20
　かつおのオニオンマスタードマリネ　22
　牛肉のバターソテー　オニオンソース　23

青菜ならだんぜん　小松菜
　小松菜と油揚げの煮びたし　25
　小松菜のごまあえ　25
　小松菜とむきえびのうま煮　26
　小松菜のねぎ塩チャンプルー　27

うまみたっぷり　きのこ
　しめじと山菜のうどん　28
　エリンギのピザトースト　29
　きのこのガーリックパン粉炒め　30
　しめじの炊き込みご飯　31

part 2
すぐに使える！　最後まで使いきれる！ 野菜のダイレクトフリージングレシピ

ブロッコリー
　ブロッコリーとウインナのコーングラタン　34
　ブロッコリーのかきたま汁　35
　ブロッコリーの帆立てあんかけ　35

にんじん
　おかずひじき　36
　にんじんとツナのカレー風味サラダ　37
　にんじんと桜えびのかき揚げ　37

キャベツ
　キャベツと鶏肉の治部煮　39
　キャベツのカレースープ　40
　コールスローサラダ　40
　キャベツと豚とろの甘辛みそ炒め　41

アスパラガス
　アスパラとたこのアンチョビ炒め　42
　アスパラと卵のマカロニサラダ　43
　アスパラとたらこのさっと煮　43

トマト
　トマト麻婆　44
　トマトの炒めそうめん　45
　イタリアン目玉焼き　45

セロリ
　セロリの棒餃子　46
　セロリとお刺身の和風カルパッチョ　47
　セロリと豚こま切れ肉の高菜炒め　47

ピーマン、パプリカ
　ピーマンのくたくた煮　48
　ピーマンと鶏肉の鍋しぎ　48
　パプリカのレンジマリネ　49
　パプリカと豆腐の青じそ風味サラダ　49

かぼちゃ
　かぼちゃと豚肉の山椒炒め　50
　かぼちゃとウインナのクリームシチュー　51
　かぼちゃのシンプルフライ　51

じゃが芋
　豚じゃが　52
　フライドポテト2種　53
　カリカリベーコンのポテトサラダ　53

れんこん
　れんこんのえびはさみ焼き　54
　れんこんと手羽の照り煮　55

れんこんのカレーマヨ炒め　55
ごぼう
　　ごぼうとねぎとろのさつま揚げ　56
　　ごぼうと豆腐の卵とじ　57
　　ごぼうのペペロンチーノ　57
長ねぎ
　　長ねぎと蒸し鶏のおひたし風サラダ　58
　　長ねぎと焼き豚のごまだれあえ麺　59
　　長ねぎと牛こま切れのすき焼き　59
大根
　　大根と揚げボールの和風煮　61
　　大根とたこのなます　ゆずこしょう風味　62
　　大根のしょうゆ漬け　63
　　大根、水菜、ベーコンのスープ　63
白菜
　　白菜とえびのタイ風サラダ　64
　　即席白菜キムチ　65
　　白菜、豚ばら、しいたけのとろとろ煮　65

part 3
特売の肉や魚介で！　ボリューム満点！
節約食材のダイレクトフリージングレシピ

鶏もも肉
　　鶏のサイコロ照り焼き　68
　　チキンカレー　69
鶏むね肉
　　あっさり唐揚げ　70
　　鶏肉と根菜のうま煮　71
手羽先
　　ゆで鶏のラー油あえ　72
　　手羽先のごま塩焼き　73
豚こま切れ肉
　　ごま風味の豚キムチ炒め　74
　　豚肉と玉ねぎの肉てん　75
スペアリブ
　　スペアリブ、長ねぎ、エリンギのみそ蒸し　76
　　ポークビーンズ　77
豚ひき肉
　　サイコロステーキ　甘酢あんかけ　78
　　肉みそレタス包み　79
合いびき肉
　　ひき肉チーズステーキ　きのこソース　81
　　ひき肉となすの炒め煮　カレー風味　82

　　タコライス　83
牛こま切れ肉
　　甘みそ焼き肉サラダ　84
　　牛こま切れのビーフシチュー　85
甘塩鮭
　　鮭、じゃが芋、コーンのみそバター焼き　87
　　鮭のかやくご飯　88
　　鮭のトマトクリームソース　89
いか
　　いかのねぎ塩炒め　90
　　いかとパプリカのピーナッツあえ　91
えび
　　えびとミニトマトのチリソース　92
　　えびと卵の炒め物　93
あじの干物
　　あじの冷や汁　94
　　あじと長ねぎの香味レンジ蒸し　95
ちりめんじゃこ
　　じゃこといんげんの焼きびたし　96
　　カリカリじゃこの梅チャーハン　97
　　じゃこ、わかめ、青菜のふりかけ　97
木綿豆腐
　　肉みそ豆腐グラタン　99
　　豆腐とかにかまぼこの卵とじ　100
　　おぼろ豆腐のしょうがスープ　100
　　豆腐ステーキ　101
油揚げ
　　カリカリ揚げのシーザーサラダ　102
　　切り干し大根の煮物　103
　　油揚げの和風ピザ　103
ちくわ
　　ちくわの変わりてんぷら2種　104
　　ちくわとこんにゃくのきんぴら　105
　　ちくわとグリンピースのココット　105

残ってもムダにしない！　使いやすい！
　　食材別冷凍法　106

さくいん　110

この本のきまり
○小さじ1は5㎖、大さじ1は15㎖、カップ1は200㎖です。
　いずれもすりきりではかります。
○電子レンジの加熱時間は600Wを基準にしています。
　500Wの場合は1.2倍を目安に時間をかげんしてください。

「ダイレクトフリージング」なら、

とにかく冷凍がラクになります

これまで、本や雑誌の企画でたくさんの冷凍法の提案をしてきました。青菜はゆでる、くっつかないように離して並べる、肉は下味をつけて小分けに……という、いわゆる冷凍のセオリーにのっとって。でも、本音をいえば「めんどうくさいな」と思っていたのです。本来、冷凍は材料をムダにせず、食事作りをラクにするためのもの。だったら、冷凍自体がめんどうじゃ本末転倒。私生活で実行する冷凍法はどんどんシンプルになり、野菜はざくざく切って生のまま、肉や魚介はパックのトレイをはずして包み直すだけになりました。革命的ともいえるこの冷凍法は、名づけて「ダイレクトフリージング」。とにかくラクだから、めんどうがらずにサッサッ、パッパッとストックできる。冷凍かくあるべし、です。

冷凍の常識が変わります！

だから、いろいろな効果をもたらします

そんなことして大丈夫？ 味はどう？ という声が聞こえてきそうですが、ちょっとしたコツさえおさえれば、心配は無用。とってもおいしくいただけるのです。しかもこの本で提案しているのは、ほとんどが凍ったまま調理するレシピ。冷凍するときもダイレクトなら、調理するときもダイレクトに、というわけです。これで朝、冷蔵室に移して……とか、レンジで解凍して……という手間はゼロ。思い立ったら冷凍室から出してすぐに作れます。ラクに冷凍できて、すぐに使える、これがダイレクトフリージングの最大の魅力。そのうえ食材のムダがなくなり、さらには気持ちのゆとり、バランスのよい食事までが手に入る。だまされたと思ってどうか実行してみてください。きっと毎日の食事作りに欠かせないものになると思います。

野菜は生で。
肉・魚は下味つけもなし。

一度ゆでてから、下味をつけてから、という今までの冷凍の常識は捨ててください。やるのはたったこれだけだから、冷凍がとびきりラクに！

野菜は使いやすく切るだけ

肉・魚は包み直すだけ

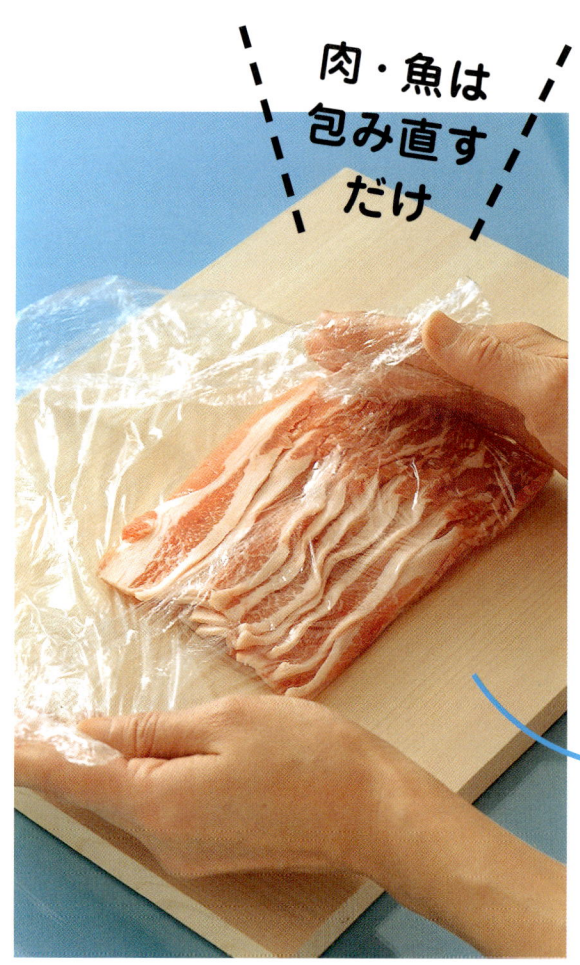

野菜は洗って調理しやすく切ったら、生のまま冷凍室へ直行。ゆでなくていいんです！　水けの多い野菜は、キッチンペーパーで水けをよく拭き取るか、バットに広げてしばらくおいてから冷凍を。

ほとんどの肉や魚は、スーパーで買ってきたパックから発泡スチロールのトレイをはずし、元のラップで包み直すだけ。下味つけや、バラ凍結の必要はありません。日付シールが貼ってあるので、いつ冷凍したかも明解。

ほとんど何もしないで
ダイレクトに冷凍！

〝生のまま保存袋に入れて〟

〝金属製トレイにのせて冷凍！〟

準備がすんだら、食材別に口がきっちり閉まる冷凍用保存袋に入れて。できるだけ空気を押し出して口を閉めるだけでよく、ストローで吸うなんてことはしなくてOK。入れる量に合わせて保存袋のサイズを選びましょう。

鮮度を保ったまま急速冷凍するには、熱伝導率のよい金属（アルミやステンレス）製トレイにのせて。新型の冷蔵庫には付属しているものも多いようです。凍ったら袋を立てて保存すると省スペース。

使うときも解凍する必要なし。
凍ったまんまダイレクトに調理！

冷凍した食材は自然解凍やレンジ解凍して……という常識も、捨ててください。
そのプロセスを飛び越えていきなり調理。こんな調理法で可能です！

凍ったまま蒸し焼きに

ふたをして弱めの中火でじわじわ加熱。水分を保ちながら解凍→加熱がすすみます。

凍ったまま揚げる

冷凍食品のようにいきなり揚げ物もできちゃう！ 普通よりも低めの温度でじっくり揚げるのがコツ。

凍ったまま煮る

煮物にするなら沸いた煮汁の中へ凍ったまま投入！ 生のものよりスピーディに煮上がります！

凍ったまま炒める

水分の少ないものなら炒めてもおいしくいただけます。手軽な炒め物がより手軽に！

凍ったままレンジ調理

レンジで解凍するのではありません。調味料も加えて加熱調理、これですぐ1品完成。

凍ったままマリネする

マリネ液につけ込むのも、おすすめのダイレクト調理法。解凍しながら味がしみ込む！

凍ったまま湯をかける

葉物なら熱湯をかけるだけで、おひたしやサラダに！ インスタント並みの簡単さです。

ダイレクトフリージングを上手に行うために

今までの冷凍の常識とはちょっと勝手が違う、ダイレクトフリージング。
上手に冷凍し、おいしく調理するために、ポイントとなる事柄をまとめました。
とはいえ、難しいことは何もないので、堅苦しく考えずにまずは実行あるのみ！

冷凍保存の期間について

- 冷凍冷蔵庫は国産メーカーの家庭用の機種を使用しています。
- 冷凍した食材は腐敗はしないのですが、本書に記した保存期間より長期間保存すると、酸化などにより、味、食感が落ちてきます。本書では、おいしく食べられる期間を保存期間として設定しています。

冷凍保存に使う道具について

- 冷凍保存に使う道具は、**冷凍用保存袋（大・中・小）、ラップ、密閉容器、金属製トレイ**があればじゅうぶんです。冷凍するとラップが劣化して破れてくることがあるので、ラップで包んでも、保存袋に入れることをおすすめします。密閉容器は－20度の耐冷性のものがいいでしょう。金属製トレイはアルミ、ステンレスなどなんでもかまいませんが、薄手のものを。100円ショップでも手に入ります。

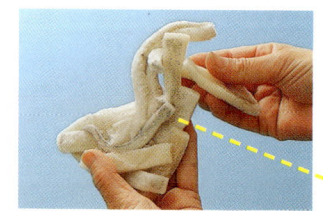

冷凍した材料について

- 冷凍した材料を使う場合は、作り方に「**冷凍大根**」「**冷凍小松菜**」などというように表記しています。「**冷凍**」とついていない材料は、通常の生の状態のものを使ってください。
- 冷凍する量は、基本的に掲載した料理（2人分）の食材の2回分としています。例外もありますが、基本は1回の冷凍量で2人分の料理が2回、または2品作れるということです。4人分を一度に作る場合は、材料を倍量にして作ってください。
- 冷凍した材料の分量は、g表示とともに個数での目安をおおむね併記していますが、冷凍してしまうと、それが何個分だったかわかりにくくなってしまいます。ですから、最初のうちは使うときに計量することをおすすめします。**ちなみに生の状態で量った重さと、冷凍した状態で量った重さはほとんど変わりません。** 使い慣れていくうちに、「これはだいたい1/2個分」などと分量がつかめてくるはずです。
- 冷凍した材料はくっついてしまう場合もありますが、その場合は**手で折ったり、ほぐしたりして取り出し、使ってください。**
- 生の材料を使っている場合でも、冷凍した材料で代用できることがあります。それに関しては、材料、作り方の最後の◆印以下に記していますので、そのとおりに分量、作り方を変えて作ってください。

part 1
ダイレクトフリージングのよさが実感できる
おすすめ食材BEST5

数ある食材の中でも、とりわけ「これは絶対おすすめ!」と太鼓判を押せるのが、
「豚薄切り肉」「あさり」「玉ねぎ」「小松菜」「きのこ」の5つ。
どれもダイレクトフリージングをすることで使い勝手が格段にアップし、
「ああ、冷凍しておいてよかった!」「これがあると便利」と思わずにはいられません。
ダイレクトフリージングをするなら、まずこの5つの食材から。
必ずや、この新しい冷凍法のよさを実感してもらえると思います。

トップバッターは豚薄切り肉

よく特売になるし、使い道が多いからとにかく便利。
パックにきれいに並んだあの状態のまま冷凍し、調理するときはその形を生かして！
薄切り肉なのにボリュームたっぷりです。

3ステップで冷凍

おすすめの保存量＞200g×2パック
おいしく食べられる保存期間＞2〜3週間

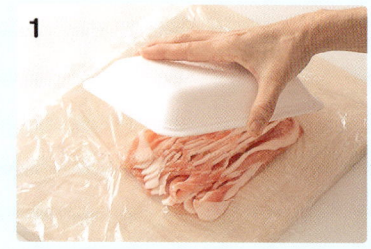

1 肉のパックを逆さまにして置き、ラップをていねいに開いてトレイをはずす。

2 肉を1cm厚さくらいになるように平らにし、包まれていたラップで空気が入らないように包み直す。もう1パックも同様に包む。

3 冷凍用保存袋（中）に入れ、空気を抜きながら口を閉じ、できれば金属製トレイにのせて冷凍する。

そのままかつに！
固まったままだから、
衣つけもラク

重ねとんかつ

かむたびに肉の間から肉汁がジュワーッ。
ふわっと柔らかい食感で、普通のとんかつより人気になりそう。

材料（2人分）
冷凍豚薄切り肉
　　200g（1パック分）
塩、こしょう　各少々
小麦粉、溶き卵、パン粉　各適量
揚げ油　適量
キャベツ、にんじん、ピーマンの各せ
　　ん切り　各適宜
とんかつソース　適宜

作り方
1　**冷凍豚薄切り肉は、凍ったまま両面に塩、こしょうをふる。**小麦粉をまぶして溶き卵にくぐらせ、もう一度小麦粉、溶き卵を順につけ、最後にパン粉をまぶす。
2　揚げ油を低めの中温（160度）に熱し、1を加える。ときどき裏返しながら4〜5分揚げ、薄く色づいたら高温（180度）にし、カリッとしてきつね色になるまで1〜2分揚げる。竹串を刺して、透き通った肉汁が出てくれ

ばよい。
3　食べやすい大きさに切り分け、あればキャベツ、にんじん、ピーマンの各せん切りを添える。好みでとんかつソースをかけていただく。

豚肉とキャベツの梅風味蒸し

梅だれのほどよい酸味で箸がすすむ！
キャベツも驚くほどたくさん食べられます。

豚肉と玉ねぎの洋風蒸し

くったりとなったたっぷりの玉ねぎが
極上のソースがわりに。チーズのコクが最高。

フライパンで
蒸し焼きもおすすめ。
同じ作り方で和洋2種！

材料（2人分）
冷凍豚薄切り肉　200g（1パック分）
キャベツ　4枚
ごま油　大さじ1
酒　大さじ2
梅だれ
├ 梅干し　3個
└ みりん　大さじ3
青じそのせん切り　適量

◆キャベツは冷凍のもの（P38）同量でもよい。

作り方
1　キャベツは芯を取り、ざく切りにする。梅干しは種を取って包丁で細かくたたき、みりんと混ぜ合わせて梅だれを作る。
2　フライパンにごま油大さじ½を入れ、キャベツを広げてのせ、梅だれの½量をかける。<mark>上に冷凍豚薄切り肉を凍ったままのせて酒をまわしかけ、</mark>残りの梅だれ、ごま油を全体にかける。
3　ふたをして弱めの中火で熱し、豚肉に火が通るまで15〜18分蒸し焼きにする。器に盛り、青じそのせん切りを添える。

◆冷凍キャベツを使う場合でも、作り方は同様でよい。

材料（2人分）
冷凍豚薄切り肉
　　　200g（1パック分）
玉ねぎ　1個（200g）
オリーブ油　大さじ1
粉チーズ　大さじ3
塩、こしょう　各少々
白ワイン（または酒）　大さじ2
ソース
├ ケチャップ　大さじ3
└ マヨネーズ　大さじ½
パセリのみじん切り　適宜

◆玉ねぎは冷凍のもの（P20）同量でもよい。

作り方
1　玉ねぎは薄切りにする。ケチャップとマヨネーズを混ぜ合わせてソースを作る。
2　フライパンにオリーブ油大さじ½を入れ、玉ねぎを広げ、ソースの½量をのせ、粉チーズ大さじ1をふる。<mark>上に冷凍豚薄切り肉を凍ったままのせ、</mark>塩、こしょうをふり、白ワインをまわしかける。残りのソースを塗り広げ、残りの粉チーズ、オリーブ油もかける。
3　ふたをして弱めの中火で熱し、豚肉に火が通るまで15〜18分蒸し焼きにする。器に盛り、あればパセリのみじん切りをふる。

◆冷凍玉ねぎを使う場合でも、作り方は同様でよい。

豚肉ともやしのしょうが焼き風

酒をふって蒸し焼きにすると、肉は簡単にほぐれます。
しょうがたっぷりで、経済おかずも本格味に！

材料（2人分）
**冷凍豚薄切り肉
　　200g（1パック分）**
もやし　½袋
しょうが　½かけ
サラダ油　大さじ1
酒　大さじ1
たれ
　おろししょうが　½かけ分
　砂糖　小さじ2
　しょうゆ　大さじ2
塩、こしょう　各少々

作り方
1　しょうがは皮をむき、せん切りにする。たれの材料はよく混ぜ合わせる。
2　フライパンにサラダ油を弱めの中火で熱し、==冷凍豚薄切り肉を凍ったまま加え、==酒をふる。ふたをして4〜5分加熱し、豚肉が半解凍状態になったら、1枚ずつにほぐす。たれを加え、強火にし、肉にからめながら水分がほとんどなくなるまで炒める。
3　もやしを加え、手早く炒め合わせ、塩、こしょうで調味する。器に盛り、しょうがのせん切りを添える。

生と同じように使える あさり

殻つきのまま冷凍できて、使うときも生感覚。
だしがなくてもうまみ抜群に仕上がるのは、なんといってもあさりならではの力。
必ず砂出し済みのものを選んでください。

おすすめの保存量＞1パック（350g）
おいしく食べられる保存期間＞2〜3週間

2ステップで冷凍

1　殻をこすり合わせながらよく洗い、キッチンペーパーで水けをよく拭き取る。

2　冷凍用保存袋（中）に入れ、空気を抜きながら口を閉じて平らにし、できれば金属製トレイにのせて冷凍する。

あさりのすまし汁

みそ汁よりもちょっと格上にしたいときに。
滋味あふれるだしは生のままとほとんど同じ！

材料（2人分）
冷凍あさり　150g（10〜12個）
水　カップ2
酒　大さじ2
塩、しょうゆ　各少々
三つ葉の小口切り　適宜

作り方
1　**鍋に冷凍あさり、水、酒を入れ、**ふたをして、弱めの中火で6〜8分加熱する。
2　あさりの口があいたらふたを取り、ていねいにあくをすくい、塩、しょうゆで調味する。器に盛り、あれば三つ葉の小口切りを散らす。

あさりのうまみをシンプルに味わうならまずは定番の2品！

スパゲティ　ボンゴレ

常備しているスパゲティで堂々の1品に。
うまみたっぷりの汁が麺にしみ込んで絶品!

材料（2人分）
冷凍あさり
　　180g（12〜14個・½パック分）
マッシュルーム　4個
にんにく　2かけ
赤唐辛子の小口切り　1本分
オリーブ油　大さじ2
白ワイン（または酒）　カップ¼
こしょう　少々
┌スパゲティ　160g
└塩　大さじ1
パセリのみじん切り　適宜

作り方
1　マッシュルームは石突きを取り、5mm厚さに切る。にんにくは粗く刻む。
2　鍋に2ℓの湯を沸かして塩を加え、スパゲティを加え、表示時間通りにゆでる。
3　フライパンにオリーブ油、にんにく、赤唐辛子を入れて中火で熱し、香りが立ってきたら、==冷凍あさり、マッシュルームを加え、==全体に油がまわる程度に軽く炒め合わせる。白ワインを加えてふたをし、弱めの中火にして、あさりの口があくまで5〜6分蒸し煮にする。
4　3にスパゲティのゆで汁カップ½を加えて一煮立ちさせ、こしょうで調味する。スパゲティをざるにあげ、水けをきって加え、手早く混ぜ合わせる。器に盛り、あればパセリのみじん切りをふる。

あさりとブロッコリーの酒蒸し

いつもマヨネーズで食べるだけの野菜が
あさりのうまみで立派な和風おかずに。

材料(2人分)
冷凍あさり
　180g（12〜14個・½パック分）
ブロッコリー　½個（120g）
酒　カップ⅓
しょうゆ　小さじ½
◆ブロッコリーは冷凍のもの（P34）同量でもよい。

作り方
1　ブロッコリーは小房に分ける。
2　鍋に冷凍あさり、ブロッコリー、酒を入れてふたをし、弱めの中火にかける。ときどき鍋をゆすりながら、5〜6分加熱する。
3　あさりの口があき、ブロッコリーが柔らかくなったら、しょうゆを加えて軽く混ぜ合わせる。
◆冷凍ブロッコリーを使う場合は、2の加熱時間を8〜10分にする。

酒蒸しは
好みの野菜で
すぐ完成！

あさりのチゲ仕立て

汁物に使うとだしがいらないのがいいところ。
具だくさんの韓国風スープはこれ1品で大満足です。

材料（2人分）
冷凍あさり
　　180g（12〜14個・½パック分）
生しいたけ　3個
長ねぎ　½本
木綿豆腐　1丁（300g）
煮汁
　顆粒鶏がらスープの素　小さじ1
　水　カップ2½
　酒　大さじ1
　みそ　大さじ1½
　豆板醬（トウバンジャン）　小さじ1〜2
　ごま油　小さじ1
◆木綿豆腐は冷凍のもの（P98）同量でもよい。

作り方
1　しいたけは石突きを取り、2等分にする。長ねぎは1cm幅の斜め切りにする。木綿豆腐は8等分に切る。
2　鍋に煮汁の材料を入れてよく混ぜ、冷凍あさりを加え、ふたをして弱めの中火で7〜8分加熱する。
3　あさりの口があいて煮立ったら、ていねいにあくをすくう。中火にし、しいたけ、長ねぎ、豆腐を加え、一煮立ちさせる。
◆冷凍木綿豆腐を使う場合は、2の冷凍あさりとともに加え、加熱時間を10〜12分にする。豆腐が加熱され、あさりの口があいたらよい。

野菜ならまずこれ！玉ねぎ

意外かもしれませんが、野菜でいちばんおすすめ。
どんな料理にも使え、たっぷり入れるとそれだけ深み、甘みがアップします。
しっとり、くったりとなるのも生よりずっと早いんですよ。

おすすめの保存量＞3個（600g）
おいしく食べられる保存期間＞約1ヵ月

2ステップで冷凍

1　皮をむいて縦半分に切り、繊維に沿って薄切りにする。水分が多いので、バットなどに広げて10〜15分おいて乾燥させるか、キッチンペーパーで水けをよく拭き取る。

2　冷凍用保存袋（大）に入れ、空気を抜きながら口を閉じて平らにし、できれば金属製トレイにのせて冷凍する。

ポークハヤシライス

豚肉のコクと玉ねぎの甘みがよく合います。
加熱時間もあっという間のスピードメニュー。

材料（2人分）
冷凍玉ねぎ　200g（1個分）
豚こま切れ肉　200g
グリンピース（冷凍）　大さじ3
にんにくのみじん切り　小さじ1
バター　大さじ1
固形スープの素　1/2個
小麦粉　大さじ1/2
ケチャップ　大さじ4
ウスターソース　大さじ2
塩、こしょう　各少々
温かいご飯　茶碗に2杯
◆豚こま切れ肉は冷凍のもの（P74）同量でもよい。

作り方
1　鍋にバター、にんにくを入れて中火で熱し、豚肉を加えて2〜3分炒め、肉の色が変わったら小麦粉をふり入れて粉っぽさがなくなるまで炒める。
2　固形スープの素、ケチャップ、ウスターソースを加えて軽く混ぜ合わせ、一煮立ちさせる。
3　<mark>冷凍玉ねぎ、グリンピースを加え、</mark>とろみがつくまで2〜3分煮て、塩、こしょうで味を調える。器にご飯を盛り、その上にかける。
◆冷凍豚こま切れ肉を使う場合は、鍋にバター、にんにくとともに入れ、ふたをして弱めの中火で4〜5分加熱。その後、肉をほぐし、小麦粉をふり入れて炒めてから**2**に続ける。

かつおのオニオンマスタードマリネ

かつおのたたきをサラダ感覚でヘルシーに仕立てました。
マリネ中に、解凍しながら味がしみ込みます。

材料(2人分)
冷凍玉ねぎ　200g(1個分)
かつおのたたき(市販)
　½さく(150g)
ドレッシング
　しょうゆ　大さじ2
　オリーブ油　大さじ3
　レモン汁　大さじ2
　粒マスタード　大さじ1
レモンの薄切り　4枚
塩、こしょう　各少々

作り方
1　ボウルにドレッシングの材料を入れてよく混ぜ合わせる。<mark>冷凍玉ねぎを凍ったまま加える。</mark>ときどき混ぜながら、玉ねぎが柔らかくなって味がなじむまで10〜15分おく。
2　かつおのたたきは7〜8mm厚さのそぎ切りにする。レモンの薄切りは半分に切る。
3　1にかつおのたたき、レモンを加えてさっくりと混ぜ合わせ、塩、こしょうで調味する。

牛肉のバターソテー　オニオンソース

冷凍なら、しんなりと炒め上がるのもすごく早い！
とろとろの玉ねぎの甘みでただのソテーが一変！

材料（2人分）
- 牛肉（焼き肉用）　300g
- 塩　小さじ⅓
- こしょう　少々

オニオンソース
- **冷凍玉ねぎ　200g（1個分）**
- バター、しょうゆ　各大さじ1
- ウスターソース　小さじ1
- みりん　大さじ2

オリーブ油　大さじ½
クレソン　適宜

作り方

1　牛肉は両面に塩、こしょうをふる。

2　オニオンソースを作る。フライパンにバター、**冷凍玉ねぎを凍ったまま入れて弱めの中火で熱し、**ふたをして2〜3分加熱する。玉ねぎが柔らかくなったらよくほぐし、ウスターソース、しょうゆ、みりんを加え、ほとんど汁けがなくなるまで4〜5分炒めて取り出す。

3　フライパンをキッチンペーパーできれいに拭く。オリーブ油を強火で熱し、牛肉を加え、焼き色がつくまで両面を1〜2分ずつ焼く。

4　器に牛肉を盛ってオニオンソースをかけ、あればクレソンを添える。

青菜ならだんぜん 小松菜

緑の野菜がいつも使える状態だと心強いもの。
すぐにしおれたり、黄色くなる青菜だからこそ買ってきたら冷凍、が正解です。
なかでもあく抜きが必要ない小松菜がイチオシです。

おすすめの保存量＞1わ（300g）
おいしく食べられる保存期間＞約1ヵ月

2ステップで冷凍

1　よく洗い、水けをよく拭き取る。根元を切り落とし、4〜5cm長さに切る。

2　冷凍用保存袋（大）に入れ、空気を抜きながら口を閉じて平らにし、できれば金属製トレイにのせて冷凍する。

おひたしや
ごまあえなら
お湯をかけるだけ！

小松菜と油揚げの煮びたし

生よりもかさが減るのでたくさんいただけます。
油揚げを大きめに切るとおかず風に。

材料(2人分)
冷凍小松菜　150g(½わ分)
油揚げ　2枚
◆油揚げは冷凍のもの(P102)
同量でもよい。

煮汁
　だし汁　カップ1½
　しょうゆ　大さじ1
　みりん　大さじ1
　塩　少々

作り方
1　油揚げは縦半分に切り、1.5cm幅に切る。
2　鍋に油揚げ、煮汁の材料を入れて中火で熱し、ふたをして4〜5分煮含める。
3　**冷凍小松菜を加えて箸で混ぜて全体をなじませ、**2〜3分煮る。小松菜がしんなりしたらよい。
◆冷凍油揚げを使う場合は、室温に2〜3分おき、柔らかくなってから切る。

小松菜のごまあえ

定番の1品も、お湯をかけるだけと、
まるでインスタント感覚。シンプルなおいしさが身上。

材料(2人分)
冷凍小松菜　150g(½わ分)
あえ衣
　いり白ごま　大さじ1
　しょうゆ　大さじ1½
　みりん　小さじ2

作り方
1　**冷凍小松菜はざるにのせてたっぷりの熱湯をかけ、**水けをよくきる。
2　ボウルにあえ衣の材料をよく混ぜ合わせる。
3　小松菜の水けをよく絞って**2**に加え、さっくりとあえる。

小松菜とむきえびのうま煮

やさしいとろみで味がうまくからまります。
えびが細らないようさっと仕上げて。

材料(2人分)
冷凍小松菜　150g(½わ分)
むきえび　200g
A ┌ 顆粒鶏がらスープの素　小さじ½
　├ 水　カップ1
　├ オイスターソース　大さじ1½
　├ しょうゆ　小さじ1
　├ 酒　大さじ1
　└ 片栗粉　大さじ½
塩、こしょう　各少々
◆むきえびは冷凍のもの(P92)10尾
を殻をむいて使ってもよい。

作り方
1　むきえびはあれば背わたを取る。
2　鍋にAを入れ、中火で熱し、よく混ぜながら一煮立ちさせる。
3　冷凍小松菜、むきえびを加え、さらによく混ぜながら、小松菜がしんなりしてえびの色が変わるまで2～3分煮る。
4　塩、こしょうで調味する。
◆冷凍えびを使う場合は、流水に5～10分つけて柔らかくし、殻をむく。3の加熱時間を3～4分にする。

小松菜のねぎ塩チャンプルー

豆腐の水けをとばし、豚肉の脂を引き出すのがコツ。
うまみの強さで青菜がおいしく変身します。

材料(2人分)
冷凍小松菜　150g(½わ分)
豚ばら薄切り肉　150g
木綿豆腐　1丁(300g)
しょうがのみじん切り　½かけ分
長ねぎのみじん切り　½本分
ごま油　大さじ2
塩　小さじ½
こしょう　少々
削り節　½パック(約1.5g)

作り方
1　豚肉は4〜5cm幅に切る。
2　フライパンにごま油大さじ1を中火で熱し、豆腐を手でくずしながら加え、水分をとばしながら3〜4分よく炒める。
3　豆腐を端によせてごま油大さじ1を足し、豚肉、しょうがを加える。肉の色が変わり、じゅうぶんに脂がにじみ出すまで3〜4分炒める。
4　全体に塩、こしょうをふり、==冷凍小松菜、長ねぎを加え、==小松菜がしんなりするまで2〜3分炒める。器に盛り、削り節をかける。

うまみたっぷり きのこ

少し入れるだけで、きのこのうまみが加わって味をランクアップしてくれます。
冷凍しても風味や食感、色がほとんど変わらないのもいいところ。
しめじとエリンギの2種類があるとメニューが広がります。

2ステップで冷凍

おすすめの保存量＞しめじ2パック（300g）　エリンギ4本（200g）
おいしく食べられる保存期間＞約1ヵ月

しめじ

1

2

しめじは石突きを切り落とし、小さめの小房に分ける。

冷凍用保存袋（中）に入れ、空気を抜きながら口を閉じて平らにし、できれば金属製トレイにのせて冷凍する。

エリンギ

1

2

エリンギは長さを半分に切って、5mm厚さに切る。

冷凍用保存袋（中）に入れ、空気を抜きながら口を閉じて平らにし、できれば金属製トレイにのせて冷凍する。

しめじと山菜のうどん

パッとつかんで入れるだけで
具だくさんうどん完成！　昼ご飯などにぴったり。

材料（2人分）
冷凍しめじ　150g（1パック分）
山菜水煮（市販・ミックスタイプ）　100g
ゆでうどん　2玉
煮汁
　だし汁　カップ3
　みりん　大さじ2
　しょうゆ　大さじ1
　塩　小さじ½
万能ねぎの小口切り　適宜

作り方
1　鍋に煮汁の材料を入れて中火で熱し、<mark>冷凍しめじを加え、</mark>2～3分煮る。
2　山菜水煮、ゆでうどんを加え、うどんをほぐしながら2～3分煮て味をなじませる。器に盛り、あれば万能ねぎの小口切りを散らす。

具のひとつとして重宝します

エリンギのピザトースト

こんがり焼くと、きのこがひときわ香ります。
つなぎ役の卵が一味違う仕上がりの秘訣。

材料（2人分）
冷凍エリンギ　100g（2本分）
玉ねぎ　¼個（50g）
ベーコン　2枚
ピザ用チーズ　カップ1（80g）
卵　1個
塩、こしょう　各少々
　フランスパン（細めのバゲット）
　　1本
　バター　大さじ2
◆玉ねぎは冷凍のもの（P20）同量でもよい。

作り方
1　玉ねぎは薄切りにする。ベーコンは5mm幅に切る。フランスパンは長さを半分に切ってから縦半分に切り、切り口にバターを¼量ずつ塗る。
2　ボウルに卵を溶きほぐし、**冷凍エリンギ、玉ねぎ、ベーコン、ピザ用チーズを加えて混ぜ合わせ、**塩、こしょうで調味する。
3　オーブントースターの天パンにパンをのせ、その上に**2**を¼量ずつのせる。
4　アルミホイルをふんわりとかぶせ、オーブントースターで5分焼く。ホイルをはずし、チーズが溶けて焼き色がつくまでさらに4〜5分焼く。
◆冷凍玉ねぎを使う場合でも、作り方は同様でよい。

きのこのガーリックパン粉炒め

にんにくとパン粉の存在でしゃれた1品に。
炒めすぎず、ぷりっとした食感を残すのがポイントです。

材料(2人分)
冷凍しめじ　150g(1パック分)
冷凍エリンギ　100g(2本分)
にんにくのみじん切り　2かけ分
パン粉　大さじ4
バター　大さじ2
塩、こしょう　各少々
パセリ　適宜

作り方
1　フライパンにバター大さじ1、にんにく、パン粉を入れて中火で熱し、きつね色になるまで2～3分炒め、いったん取り出す。
2　バター大さじ1を足して弱めの中火で熱し、**冷凍しめじ、冷凍エリンギを加える。**全体に油がまわる程度に炒めたら、ふたをして3～4分蒸し焼きにする。
3　ふたを取って強火にし、1を戻し入れて手早く全体にからめ、塩、こしょうで調味する。器に盛り、あればパセリを添える。

しめじの炊き込みご飯

しめじさえ冷凍室にあれば、あとは家にある材料でOK。
おかずが少ないときにこんな具だくさんご飯は重宝します。

袋から出して加えるだけ！

材料（2～3人分）
冷凍しめじ　150g（1パック分）
米　2合
にんじん　1/5本
油揚げ　1枚
だし汁　カップ2
A ┌ 酒　大さじ2
　├ しょうゆ　大さじ1/2
　└ 塩　小さじ2/3
糸三つ葉のざく切り　適宜

◆油揚げは冷凍のもの（P102）同量でもよい。

作り方
1　米は洗ってざるにあげ、水けをきる。にんじんは皮をむいて太めのせん切りにする。油揚げは縦半分に切り、5mm幅に切る。
2　炊飯器の内釜に米を入れ、だし汁、Aを加え、軽く混ぜ合わせる。**冷凍しめじ、にんじん、油揚げを加えて軽く混ぜ合わせ、**普通の白米モードで炊く。
3　炊き上がったらさっくりと混ぜ、器に盛り、あれば糸三つ葉をあしらう。

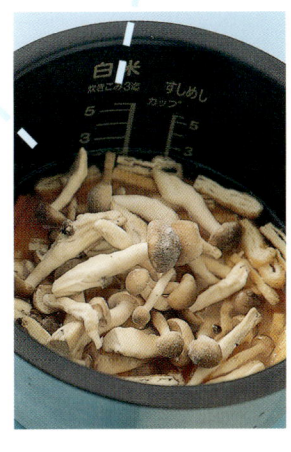

part 2
すぐに使える！ 最後まで使いきれる！
野菜の
ダイレクトフリージングレシピ

野菜はゆでて冷凍が常識？　いいえ、生のまま冷凍しても大丈夫なんです。
ダイレクトフリージングなら、切って冷凍室に入れるだけですから、
時間のあるときや料理のついでに冷凍ストックが完成。
洗って切る手間もなく、"手でつかんでパッ"で野菜のおかずがすぐ食卓に上ります。
しなびやすい葉物も、丸ごと買うのをためらう大物野菜も、もう大丈夫。
野菜を常備しておく便利さ、腐らせずにすむ心地よさを実感してください。

ブロッコリー

ボリューム感も栄養もあって子どもも好き、彩りにもなるとくれば、常備しておいて損はしません。冷凍するとちょっと身がやせてしまうので、ソースやあんかけでカバーしていただきましょう。

おすすめの保存量＞1個（250g）
おいしく食べられる保存期間＞約1ヵ月

2ステップで冷凍

1 よく洗い、水けをよく拭き取る。茎を切り落とし、小さめの小房に分ける。

2 冷凍用保存袋（中）に入れ、空気を抜きながら口を閉じて平らにし、できれば金属製トレイにのせて冷凍する。

ブロッコリーとウインナのコーングラタン

クリームタイプのコーンがソースがわりに。クリーミィで、子どもにも好かれそうな1品です。

材料（2人分）
冷凍ブロッコリー　120g（½個分）
ウインナソーセージ　6本
ソース
　コーン（缶詰・クリームタイプ）
　　カップ1
　固形スープの素　½個
　熱湯　大さじ1
　塩、こしょう　各少々
パン粉　大さじ1
バター　大さじ1

作り方
1　ウインナは斜め半分に切る。
2　ソースを作る。固形スープの素は細かく刻んで熱湯で溶かし、コーンを加えて混ぜ合わせ、塩、こしょうで調味する。
3　耐熱皿にソースの½量を敷き、**冷凍ブロッコリー、ウインナを並べ、**残りのソースをかける。パン粉をふり、ところどころにバターを手でちぎってのせる。
4　アルミホイルをかぶせ、オーブントースターに入れ、ブロッコリーが柔らかくなるまで15～18分焼く。ホイルをはずし、焼き色がつくまでさらに5～6分焼く。

ブロッコリーの かきたま汁

めんつゆを利用した手早い汁物。
でも、緑黄色野菜と卵入りで栄養は満点です。

ブロッコリーの 帆立てあんかけ

うまみたっぷりのあんでいただく中華風おかず。
帆立ては缶詰利用なら安価で手軽に作れます。

材料(2人分)
冷凍ブロッコリー　120g(½個分)
めんつゆ(2倍希釈)　大さじ4
水　カップ1½
卵　1個

作り方
1　卵は溶きほぐす。
2　**鍋に冷凍ブロッコリー、めんつゆ、水を入れ、**弱めの中火で熱し、ふたをしてブロッコリーが柔らかくなるまで4〜5分煮る。
3　溶き卵を細く流し入れ、1〜2分加熱し、箸で静かに混ぜて卵を全体に散らす。

材料(2人分)
冷凍ブロッコリー　120g(½個分)
サラダ油　小さじ1
帆立てあん
・帆立て(缶詰)　180g(大1缶、缶汁も含む)
・水　カップ½
・おろししょうが　小さじ1
・酒　大さじ1
・しょうゆ　小さじ¼
・片栗粉　大さじ½

作り方
1　フライパンにサラダ油を弱めの中火で熱し、**冷凍ブロッコリーを加え、**全体に油がまわる程度に炒める。
2　水大さじ1(分量外)を加え、ふたをして4〜5分蒸し焼きにする。ブロッコリーが柔らかくなったら取り出して器に盛る。
3　フライパンに帆立てあんの材料を入れて中火にかけ、よく混ぜながらとろみがつくまで1〜2分加熱する。これを**2**にかける。

にんじん

根菜だからと油断していると、
いつのまにか野菜室の中でしなびているにんじん……。
だからこそ買ってきたらすべて切って冷凍室へ！
半月切りなら切るのもラクなうえ、使い道もいろいろ広がります。

おすすめの保存量＞3本（450g）
おいしく食べられる保存期間＞約1ヵ月

2ステップで冷凍

1　よく洗い、水けをよく拭き取る。へたを切り落として皮をむき、5mm厚さの半月切りにする。

2　冷凍用保存袋（中）に入れ、空気を抜きながら口を閉じて平らにし、できれば金属製トレイにのせて冷凍する。

おかずひじき

鶏ひき肉がちょっと入るだけで満足感あり。
にんじんに甘辛い味つけがよくしみて美味。

材料（2人分）
冷凍にんじん　150g（1本分）
芽ひじき（乾燥）　20g
鶏ひき肉　150g
A｜水　カップ1
　｜砂糖　大さじ1½
　｜しょうゆ　大さじ2
　｜酒　大さじ2
ごま油　大さじ1
いり白ごま　適量

作り方
1　ひじきは水でさっと洗い（砂など汚れをさっと落とす程度）、ざるにあげて水けをきる。
2　鍋にごま油を中火で熱し、ひき肉を加え、木べらでほぐしながらぽろぽろになるまで2～3分炒める。
3　Aを加え、沸騰したら、あくをすくう。
4　==冷凍にんじん、ひじきを加え、==ときどき混ぜながら、汁けが半分くらいになるまで10～12分煮る。器に盛り、白ごまをふる。

にんじんとツナの
カレー風味サラダ

熱湯をかけるだけでさっとゆでた状態になるのです。
家にある食材だけで子どもも喜ぶサラダが完成。

材料（2人分）
冷凍にんじん　150g（1本分）
ツナ（缶詰）　80g（小1缶）
ドレッシング
・カレー粉　小さじ½
・サラダ油　大さじ1½
・酢　大さじ1½
・みりん　大さじ1
・塩　小さじ¼
サニーレタス　適宜

作り方
1　ボウルに冷凍にんじんを入れてたっぷりの熱湯をかけ、 2～3分おき、ざるにあげて水けをよくきる。
2　ツナは缶汁を軽くきる。
3　ボウルにドレッシングの材料をよく混ぜ合わせ、にんじん、ツナを加えてさっくりと混ぜる。あればサニーレタスを器に敷いてその上に盛る。

にんじんと桜えびの
かき揚げ

にんじんの甘みが引き出される調理法。
桜えびの塩けでそのままでもいただけます。

材料（2人分）
冷凍にんじん　150g（1本分）
桜えび　大さじ4
・てんぷら粉（または小麦粉）　大さじ5
・水　大さじ5
揚げ油　適量
塩　適量
すだちのくし形切り　適宜

作り方
1　ボウルに冷凍にんじんを入れてたっぷりの熱湯をかけ、 2～3分おき、ざるにあげて水けをよくきる。
2　ボウルにてんぷら粉、水を入れて箸で軽く混ぜ合わせる。にんじん、桜えびを加えてさっくりと混ぜ合わせ、全体にからめる。
3　揚げ油を中温（170度）に熱し、**2**を大きめのスプーンなどで⅙量ずつすくって落とし、両面をカリッとするまで2～3分揚げる。器に盛り、塩を添え、あればすだちのくし形切りも添える。

キャベツ

なかなか使いきれない大物野菜こそ、冷凍のよさを実感する食材です。半分冷凍してしまえば、1個なんてすぐ！ 無理して食べ続けなくても好きなときに好きな料理でおいしくいただけます。

おすすめの保存量＞½個（500g）
おいしく食べられる保存期間＞約1ヵ月

2ステップで冷凍

1 よく洗い、水けをよく拭き取る。芯を取り除き、4〜5cm角のざく切りにする。

2 冷凍用保存袋（大）に入れ、空気を抜きながら口を閉じて平らにし、できれば金属製トレイにのせて冷凍する。

煮物なら煮立った煮汁に凍ったまま！

キャベツと鶏肉の治部煮

カチカチのキャベツが瞬く間にしんなりして、鶏のうまみをたっぷり吸い込みます。

材料（2人分）
冷凍キャベツ　250g（¼個分）
- 鶏もも肉　大1枚（300g）
- 小麦粉　適量

さやえんどう　30g

煮汁
- だし汁　カップ2
- みりん　大さじ6
- しょうゆ　大さじ3

作り方
1　鶏肉は一口大のそぎ切りにし、小麦粉を薄くまぶす。さやえんどうはへたと筋を取る。
2　鍋にみりんを入れて中火で熱し、煮立ったら、だし汁、しょうゆを加える。一煮立ちしたら鶏肉を1切れずつ加え、肉がくっついたらはがしながら3〜4分煮る。
3　冷凍キャベツ、さやえんどうを加え、キャベツがしんなりするまで3〜4分煮る。

キャベツのカレースープ

鍋ではもちろん、熱湯をかけるだけでもOK！
即席スープ並みの簡単さで野菜がとれます。

材料（2人分）
冷凍キャベツ　100g（1/10個分）
カレールウ（市販）　30g
水（または熱湯）　カップ2

作り方
1　鍋に水を入れて中火で沸かし、**一度火を止めて冷凍キャベツ、カレールウを加える。**ルウが溶けたら中火にかけ、2〜3分加熱する。
◆または、ざるにキャベツを入れてたっぷりの熱湯をかけ、器に刻んだカレールウとともに等分にして入れ、よく沸騰した湯を注いで混ぜ合わせてもよい。

コールスローサラダ

これ以上ないスピードでできちゃうサラダ。
1品足りない！　というときにすぐどうぞ。

材料（2人分）
冷凍キャベツ　200g（1/5個分）
ハム　3枚
コーン（缶詰・ホールタイプ）　大さじ4
マヨネーズ　大さじ2
塩、こしょう　各少々

作り方
1　**冷凍キャベツはざるに入れてたっぷりの熱湯をかけ、**水けをよくきり、粗熱をとる。ハムは1cm幅に切る。
2　ボウルにキャベツ、ハム、コーンを入れ、マヨネーズを加えてさっくりと混ぜ合わせ、塩、こしょうで調味する。

キャベツと豚とろの甘辛みそ炒め

甘めのみそ味の中にピリリとした辛みが刺激的。
こういうおかずは本当に白いご飯に合います。

材料(2人分)
冷凍キャベツ　250g（¼個分）
豚首肉（焼き肉用豚とろ）　250g
にんにく　1かけ
サラダ油　大さじ1
A・豆板醬（トウバンジャン）　小さじ1
　・砂糖　小さじ2
　・酒　大さじ1
　・みそ　大さじ1

作り方
1　にんにくは薄切りにして芯を取る。Aはよく混ぜ合わせる。
2　フライパンにサラダ油、にんにくを入れて中火で熱し、にんにくが薄く色づいてきたら取り出す。豚肉を加え、両面に焼き色がつくまで3〜4分炒める。
3　強火にし、Aを混ぜながら加えて一煮立ちさせ、==冷凍キャベツを加える。==キャベツがしんなりするまで3〜4分炒め合わせたら器に盛り、**2**で取り出しておいたにんにくを散らす。

アスパラガス

時間がたつとどんどん味が落ちる野菜なので、買ってきたらすぐに冷凍するのがいちばん。冷凍するとやや身がやせてしまうので、ボリューム感のある素材と組み合わせて調理をするのがおすすめです。

2ステップで冷凍

おすすめの保存量＞6本（250g）
おいしく食べられる保存期間＞約1ヵ月

1 よく洗い、水けをよく拭き取る。根元の固い部分を切り落とし、5cm長さに切る。

2 冷凍用保存袋（中）に入れ、空気を抜きながら口を閉じて平らにし、できれば金属製トレイにのせて冷凍する。

アスパラとたこのアンチョビ炒め

たこでかみごたえをプラスし、
パンチのあるアンチョビでまとめたスピードレシピ。

材料（2人分）
冷凍アスパラガス　120g（3本分）
ゆでだこの足　1本（100g）
アンチョビ（フィレ）　3枚（15g）
にんにくのみじん切り　1かけ分
オリーブ油　大さじ1
こしょう　少々

作り方
1 たこは一口大の乱切りにする。アンチョビはみじん切りにする。
2 フライパンにオリーブ油、にんにくを入れて弱めの中火で熱し、香りが立ってきたら、**冷凍アスパラガスを加える。**ふたをし、アスパラが柔らかくなるまで3〜4分蒸し焼きにする。
3 中火にし、たこ、アンチョビを加えて軽く炒め合わせ、こしょうで調味する。

アスパラと卵の
マカロニサラダ

まろやかなマヨネーズ味のサラダ仕立てに。
卵たっぷりでちゃんとおかずになります。

アスパラとたらこの
さっと煮

アスパラはじつはこんな和風煮もよく合います。
うまみの溶け出た汁まで飲み干して味わって。

材料(2人分)
冷凍アスパラガス　120g(3本分)
マカロニ　35g
ゆで卵(7分ゆでた半熟状のもの)　2個
ドレッシング
　オリーブ油　大さじ1
　酢　大さじ1
　マヨネーズ　大さじ1
　塩　小さじ¼
　こしょう　少々

作り方
1　ドレッシングの材料をよく混ぜ合わせる。
2　鍋に多めの水と塩少々(分量外)を加え、中火で沸かし、マカロニを表示時間通りにゆでる。**ゆで上がり2分前に冷凍アスパラガスを加え、**いっしょにゆでる。アスパラ、マカロニともにざるにあげて水けをきり、粗熱をとる。
3　ボウルにゆで卵を入れてフォークで粗くつぶし、ドレッシングを加え、2も加えてさっくりと混ぜ合わせる。

材料(2人分)
冷凍アスパラガス　120g(3本分)
甘塩たらこ　1腹(80g)
煮汁
　だし汁　カップ1½
　酒　大さじ1
　みりん　大さじ1
片栗粉　小さじ1

作り方
1　たらこは半分に切り離し、切り離した部分から薄皮に縦に切り目を入れ、2cm幅に切る。
2　鍋に煮汁の材料を入れて中火で熱し、**沸騰したら、冷凍アスパラガス、たらこを加える。**ふたをし、アスパラが柔らかくなるまで2～3分煮る。
3　片栗粉を倍量の水で溶いて加え、一煮立ちさせてとろみをつける。

トマト

トマトはカットせず、大胆に丸ごと冷凍してしまいましょう。こうすると凍ったまま水につけるだけで皮がつるり！食感が柔らかく変わってしまうので、それがおいしさとして生きるレシピを考えました。

2ステップで冷凍

おすすめの保存量＞4個（600g）
おいしく食べられる保存期間＞約1ヵ月

1 よく洗い、水けをよく拭き取る。1個ずつラップで包む。

2 冷凍用保存袋（中）に入れ、空気を抜きながら口を閉じて平らにし、できれば金属製トレイにのせて冷凍する。

皮のむき方 皮をむくときは凍ったままたっぷりの水に3〜4分つけ、皮がはじけてきたらそこからやさしくむく。

トマト麻婆

とろとろのトマトが麻婆（マーボー）の味と溶け合い、甘ずっぱさがさわやかな一皿に。

材料（2人分）
冷凍トマト　300g（2個分）
豚ひき肉　200g
A ┌ にんにくのみじん切り　1かけ分
　├ しょうがのみじん切り　½かけ分
　├ 豆板醤（トウバンジャン）　大さじ1
　└ 甜麺醤（テンメンジャン）　大さじ1
サラダ油　大さじ1
B ┌ 顆粒鶏がらスープの素　小さじ½
　├ 水　カップ½
　├ しょうゆ　大さじ1
　├ 酒　大さじ1
　└ 片栗粉　大さじ1
塩、こしょう　各少々
長ねぎのみじん切り　10cm分
◆豚ひき肉は冷凍のもの（P78）同量でもよい。

作り方
1 <mark>冷凍トマトは皮をむいてへたの部分をくりぬき、ざく切りにする。</mark>Bはよく混ぜ合わせる。
2 フライパンにサラダ油、Aを入れて中火で熱する。香りが立ってきたらひき肉を加え、木べらでほぐしながらぽろぽろになるまで2〜3分炒める。
3 トマトを加えて強火にし、水分が半分くらいになるまで4〜5分煮詰める。Bを混ぜながら加え、木べらで絶えず混ぜてとろみがついてきたら、塩、こしょうで調味する。器に盛り、長ねぎのみじん切りを添える。
◆冷凍豚ひき肉を使う場合は、**2**でサラダ油を弱めの中火で熱してから加え、ふたをして4〜5分蒸し焼きにしてから木べらでほぐす。このあと、Aを入れて中火で炒め、香りが立ってきたら**3**に続ける。

トマトの炒めそうめん

果肉がそのままソースみたいにからまって。
定番になりそうな新しいそうめんの食べ方です。

材料（2人分）
冷凍トマト　300g（2個分）
そうめん（乾燥）　3束（180g）
ちりめんじゃこ　大さじ4
にんにくのみじん切り
　½かけ分
青じそ　5枚
オリーブ油　大さじ2
しょうゆ　大さじ1
塩、こしょう　各少々

◆ちりめんじゃこは冷凍のもの（P96）同量でもよい。

作り方
1　冷凍トマトは皮をむいてへたの部分をくりぬき、ざく切りにする。青じそはせん切りにする。
2　そうめんはたっぷりの熱湯で表示時間通りにゆで、冷水でよく洗って、ざるにあげて水けをきる。ボウルに入れ、オリーブ油大さじ1をまぶす。
3　フライパンにオリーブ油大さじ1、じゃこ、にんにくを入れて中火で熱し、香りが立ってくるまで炒める。トマトを加え、強火にし、水分が半分くらいになるまで4～5分煮詰める。
4　そうめん、しょうゆを加え、手早く混ぜ合わせ、塩、こしょうで調味する。器に盛り、青じそを散らす。

◆冷凍じゃこを使う場合でも、作り方は同様でよい。

イタリアン目玉焼き

アツアツでとろとろのトマトの中に卵とチーズ。
グラタン風の味わいを楽しんでください。

材料（2人分）
冷凍トマト　300g（2個分）
卵　4個
塩、こしょう　各少々
ピザ用チーズ　カップ1（80g）
粉チーズ　大さじ2

作り方
1　冷凍トマトは皮をむいてへたの部分をくりぬき、ざく切りにする。
2　耐熱皿2つにトマトを½量ずつ敷き、くぼみを2つ作り、卵を2個ずつ落とし入れる。塩、こしょうをふり、ピザ用チーズ、粉チーズを等分にしてふりかける。
3　2にアルミホイルをふんわりとかぶせ、オーブントースターでチーズが溶けるまで8～10分焼く。一度取り出してホイルをはずし、余分な水分をキッチンペーパーで吸い取り、焼き色がつくまでさらに5～6分焼く。

セロリ

少量で買うとけっこう高くつくので、
これからは多めに買って冷凍する、を新常識に！
凍らせるとあのクセのある独特の青臭さが弱まり、
料理になじみやすくなるので、ぜひ試してみてください。

おすすめの保存量＞2本分（200g）
おいしく食べられる保存期間＞約1ヵ月

2ステップで冷凍

1 よく洗い、水けをよく拭き取る。2～3mm幅の斜め切りにする。水分が多いので、できればバットに広げて10～15分乾燥させる。

2 冷凍用保存袋（中）に入れて空気を抜きながら口を閉じて平らにし、できれば金属製トレイにのせて冷凍する。

セロリの棒餃子

豚肉によく合うセロリは餃子にしてもおいしい。
食感もリズムよく、さっぱりして飽きません。

材料（2人分）
冷凍セロリ　100g（1本分）
餃子の皮（大）　½袋（10枚）
肉だね
- 豚ひき肉　100g
- おろししょうが　小さじ1
- しょうゆ　大さじ½
- 酒　大さじ½
- ごま油　大さじ½
- 塩、こしょう　各少々

サラダ油　大さじ2
水　カップ⅓
しょうゆ、酢　各適量
ラー油　適宜

作り方
1 ボウルに肉だねの材料を入れ、粘りけが出るまで混ぜ合わせ、**冷凍セロリを加えて軽く混ぜる。**
2 餃子の皮を手のひらに広げ、手前にたねを1/10量のせ、皮に水をつけながら棒状に巻いてしっかりとめる。残りも同様に作る。
3 フライパンにサラダ油大さじ1を中火で熱し、**2**をくっつかないように並べる。水をまわし入れてふたをし、沸騰したら弱めの中火で4～5分蒸し焼きにする。
4 皮が透き通ってきたらふたを取って強火にし、サラダ油大さじ1をまわしかけ、1～2分焼いて焼き色をつける。器に盛り、好みでラー油を加えた酢じょうゆをつけていただく。

セロリとお刺身の和風カルパッチョ

さわやかな香りがハーブのような効果をもたらします。
生臭さも抜け、刺身がしゃれた料理に。

材料（2人分）
冷凍セロリ　100g（1本分）
白身魚の薄切り（鯛、ひらめ、かれいなどの刺身用）
　150g
ドレッシング
・酢　大さじ2
・オリーブ油　大さじ1½
・サラダ油　大さじ1½
・しょうゆ　小さじ2
・練りわさび　小さじ1
塩、こしょう　各少々
クレソンの葉　適宜

作り方
1　バットにドレッシングの材料を入れてよく混ぜ合わせ、**冷凍セロリを加え、そのまま10〜15分おく。**
2　セロリがしんなりしたら刺身を加え、さっくりと混ぜ合わせ、塩、こしょうで調味する。器に盛り、あればクレソンの葉を飾る。

セロリと豚こま切れ肉の高菜炒め

ご飯に合う中華風おかずの代表格。
高菜の塩けを見て、塩かげんの調節を。

材料（2人分）
冷凍セロリ　100g（1本分）
豚こま切れ肉　200g
高菜漬け（塩抜きしたもの）　60g
赤唐辛子の小口切り　1本分
ごま油　大さじ1
塩、こしょう　各少々
◆豚こま切れ肉は冷凍のもの（P74）同量でもよい。

作り方
1　高菜はみじん切りにする。
2　フライパンにごま油、赤唐辛子を入れて中火で熱し、豚肉を加え、ほぐしながら色が変わるまで2〜3分炒める。
3　**冷凍セロリ、高菜を加え、**セロリがしんなりするまで2〜3分炒め、塩、こしょうで調味する。
◆冷凍豚こま切れ肉を使う場合は、**2**でごま油を弱めの中火で熱してから加え、ふたをして4〜5分蒸し焼きにし、箸でほぐす。赤唐辛子を加えて軽く炒め、**3**に続ける。

ピーマン パプリカ

ピーマンは、冷凍すると苦みも青臭さもやわらぐので、ピーマン嫌いでもきっとおいしく食べられるはずです。身近な素材が1つ2つあればできるピーマンが主役のおかずをぜひレパートリーに加えて！

ピーマンのくたくた煮

口に含んだとたん「甘～い」と声が出るほど。ピーマンの印象を一変させる常備菜。

材料（2人分）
冷凍ピーマン　80g（3個分）
ちりめんじゃこ　大さじ3
赤唐辛子の小口切り　1本分
ごま油　小さじ1
A｜だし汁　大さじ4
　｜しょうゆ　大さじ1
　｜砂糖　小さじ1
　｜みりん　大さじ1½

◆ちりめんじゃこは冷凍のもの(P96)同量でもよい。

作り方
1　鍋にごま油を中火で熱し、冷凍ピーマン、じゃこ、赤唐辛子を加え、全体に油がまわる程度に炒める。
2　Aを混ぜて加え、弱火にし、ときどき混ぜながらピーマンがくたくたになるまで5～6分煮る。

◆冷凍ちりめんじゃこを使う場合でも、作り方は同様でよい。

ピーマンと鶏肉の鍋しぎ

しっかりめの甘辛いみそ味がからんだ1品。鶏肉も冷凍を使えるので、覚えておくとトク！

材料（2人分）
冷凍ピーマン　80g（3個分）
鶏もも肉　大1枚（300g）
長ねぎ　½本
サラダ油　大さじ1

A｜みそ　大さじ2
　｜しょうゆ　大さじ½
　｜酒　大さじ1
　｜砂糖　大さじ1½
　｜みりん　大さじ½
　｜水　大さじ1

◆鶏もも肉は冷凍のもの(P68)同量でもよい。

作り方
1　鶏肉は1cm幅に切り、長ねぎは2cm幅の斜め切りにする。Aはよく混ぜ合わせる。
2　フライパンにサラダ油を中火で熱し、鶏肉を加え、ほぐしながら炒める。
3　肉の色が変わったら、冷凍ピーマン、長ねぎを加え、全体に油がまわるまで炒め合わせる。Aを加えて全体にからめ、ふたをして3～4分蒸し焼きにする。

◆冷凍鶏もも肉を使う場合は、2でサラダ油を弱めの中火で熱してから加え、ふたをして4～5分蒸し焼きにし、箸でほぐす。その後3に続け、加熱時間を4～5分にする。

2ステップで冷凍

おすすめの保存量＞ピーマン6個（160g）　パプリカ2個（200g）
おいしく食べられる保存期間＞約1ヵ月

1 よく洗い、水けをよく拭き取る。半分に切って、へたと種を取り、それぞれ一口大の乱切りにする。

2 それぞれ冷凍用保存袋（中）に入れ、空気を抜きながら口を閉じて平らにし、できれば金属製トレイにのせて冷凍する。

パプリカのレンジマリネ

マリネ液につけて3分チン、でもう完成。
ワインにもよく合うしゃれたおつまみです。

材料（2人分）
冷凍パプリカ（赤）　100g（1個分）
マリネ液
- 粒マスタード　大さじ1½
- オリーブ油　大さじ3
- 砂糖　大さじ½
- 塩　小さじ⅓
- 酢　大さじ3

作り方
1　耐熱容器にマリネ液の材料をよく混ぜ合わせる。
2　**冷凍パプリカを加え、**ふんわりとラップをかけ、電子レンジで3分加熱する。
3　取り出して軽く混ぜ合わせ、再びラップをかけて粗熱をとる。

パプリカと豆腐の青じそ風味サラダ

ドレッシングにつけながら調理するので
味がよくしみ込みます。青じその風味が絶妙。

材料（2人分）
冷凍パプリカ（赤）　100g（1個分）
木綿豆腐　½丁（150g）

ドレッシング
- 青じそ　5枚
- しょうゆ　大さじ1½
- 酢　大さじ1½
- オリーブ油　大さじ2

作り方
1　青じそは細かく刻んでバットに入れ、残りのドレッシングの材料を加えてよく混ぜ合わせる。
2　**冷凍パプリカを加えて軽く混ぜ合わせ、**10〜15分おく。
3　木綿豆腐は縦半分に切って1cm厚さに切り、キッチンペーパー2枚で包み、5〜10分おいて水けをよくきる。
4　2のパプリカがしんなりしたら、豆腐を加えてさっくりとあえ、器に盛る。

かぼちゃ

かぼちゃは市販の冷凍食品でもよく見かけますが、わざわざ買う必要なし！ 自分で簡単に作れるのですから。ホクホクの食感が落ちることなく、鮮やかな色もそのまま。ただし、薄めに切って火が通りやすくするのがコツです。

おすすめの保存量＞½個（900g）
おいしく食べられる保存期間＞約1ヵ月

2ステップで冷凍

1 よく洗い、水けをよく拭き取る。種とわたを取り、1cm厚さのくし形切りにする。

2 冷凍用保存袋（大）に入れ、空気を抜きながら口を閉じて平らにし、できれば金属製トレイにのせて冷凍する。

かぼちゃと豚肉の山椒炒め

かぼちゃは甘くておかずになりにくいという声もありますが、この山椒をきかせた炒め物は定番になるはず。

材料（2人分）
冷凍かぼちゃ　300g（⅙個分）
豚ばら薄切り肉　200g
サラダ油　大さじ1
しょうゆ　大さじ2
粉山椒　少々

作り方
1　豚肉は3cm幅に切る。
2　フライパンにサラダ油を強火で熱し、豚肉を加え、脂がしみ出てカリカリになるまで3～4分炒める。
3　**冷凍かぼちゃを加え、**全体に油がまわる程度に炒め、ふたをして弱火で6～7分蒸し焼きにする。
4　しょうゆ、粉山椒を加え、手早く炒め合わせ、さっくりとからめる。

かぼちゃとウインナの クリームシチュー

いきなり具を煮てしまうクイックシチュー。
かぼちゃの甘みが溶け出してじつにまろやかです。

材料（2人分）
冷凍かぼちゃ　300g（1/6個分）
ウインナソーセージ　6本
玉ねぎ　1個（200g）
水　カップ2
牛乳　カップ1
ホワイトシチュールウ（市販）　50g
こしょう　少々
◆玉ねぎは冷凍のもの（P20）同量でもよい。

作り方
1　玉ねぎは薄切りにする。
2　鍋に水を入れて弱めの中火で沸かし、**冷凍かぼちゃ、ウインナ、玉ねぎを加え、**ふたをして8～10分加熱する。
3　かぼちゃが柔らかくなったらふたを取り、一度火を止めてルウを加え、溶かし混ぜる。中火にかけ、牛乳を加えて一煮立ちさせ、こしょうで調味する。
◆冷凍玉ねぎを使う場合でも、作り方は同様でよい。

かぼちゃの シンプルフライ

凍ったまま衣をつけて揚げてしまいます。
おやつ感覚でいくつでも食べてしまいそう。

材料（2人分）
冷凍かぼちゃ　300g（1/6個分）
塩、こしょう　各少々
衣
　小麦粉　大さじ4
　水　大さじ4
パン粉、揚げ油　各適量
パセリ　適宜

作り方
1　小麦粉と水を混ぜて衣を作る。
2　**冷凍かぼちゃは両面に軽く塩、こしょうをふり、**衣を薄く塗ってすぐにパン粉をつける。時間がたつとパン粉がつきにくくなるので、その場合は水適量をつけてパン粉をつける。
3　揚げ油を中温（170度）に熱し、かぼちゃを加え、表面がカリッとするまで3～4分揚げる。器に盛り、あればパセリを添える。

じゃが芋

今までは「冷凍できない」とされてきたじゃが芋も、生のままなら冷凍OK。多めの油で揚げ焼き風にすればおいしく食べられることがわかりました。定番のポテトフライもポテトサラダもちゃんと作れます。

おすすめの保存量＞4個（600g）
おいしく食べられる保存期間＞約1ヵ月

2ステップで冷凍

1 水で泥を落としてよく洗う。皮つきのまま、1個を8～12等分のくし形切りにし、水に5～6分つけてあくを抜き、キッチンペーパーで水けをよく拭き取る。

2 冷凍用保存袋（中）に入れ、空気を抜きながら口を閉じて平らにし、できれば金属製トレイにのせて冷凍する。

豚じゃが

最初にじゃが芋を揚げ焼きにするのがコツ。
煮ただけのものとは違う、コクが加わります。

材料（2人分）
冷凍じゃが芋　300g（2個分）
豚こま切れ肉　200g
サラダ油　大さじ4～5
酒　大さじ4
砂糖　大さじ1
しょうゆ　大さじ2
◆豚こま切れ肉は冷凍のもの（P74）同量でもよい。

作り方
1 フライパンにサラダ油を弱めの中火で熱し、**冷凍じゃが芋を入れて3～4分揚げ焼きにする。** 薄く色づいたら裏返し、さらに3～4分揚げ焼きにして火を通し（竹串を刺してすっと通ればよい）、一度取り出す。
2 1のフライパンの油を大さじ1くらいに減らし、豚肉を加え、色が変わるまで中火で3～4分炒める。
3 じゃが芋を戻し入れ、酒、砂糖、しょうゆを加え、混ぜながら2～3分炒めて味をからめる。
◆冷凍豚こま切れ肉を使う場合は、2で豚肉を加えたあとに酒をふり、ふたをして弱めの中火で4～5分蒸し焼きにする。ふたを取って中火にし、肉をほぐしてから3に続け、砂糖としょうゆで調味する。

フライドポテト2種

じゃが芋本来のおいしさを味わうならこれ。
表面がカリッとしているアツアツが最高です。

カリカリベーコンの
ポテトサラダ

つぶせばポテトサラダも作れます。
ホクホクの中にカリカリの食感のアクセント。

材料（2人分）
冷凍じゃが芋　300g（2個分）
サラダ油、塩、青のり、粗びき黒こしょう　各適量

作り方
1　フライパンに冷凍じゃが芋を入れ、1cm深さにサラダ油を注ぎ、中火にかける。ときどき上下を返しながら、薄く色づき、竹串を刺してすっと通るまで8〜10分揚げ焼きにする。最後に表面がきつね色になるまで1〜2分強火にかける。
2　1をキッチンペーパーの上に広げ、余分な油を吸わせる。塩をふり、1/2量に青のり、残りに粗びき黒こしょうをそれぞれふる。

材料（2人分）
冷凍じゃが芋　300g（2個分）
ベーコン　2枚
サラダ油　大さじ4〜5
塩、こしょう　各少々
マヨネーズ　大さじ2
サラダ菜　適宜

作り方
1　ベーコンは5mm幅に切る。
2　フライパンにサラダ油を弱めの中火で熱し、冷凍じゃが芋を加えて3〜4分揚げ焼きにする。薄く焼き色がついたら裏返し、3〜4分揚げ焼きにして火を通す。
3　取り出して熱いうちにフォークなどで粗くつぶし、マヨネーズ大さじ1を加えて混ぜ合わせ、塩、こしょうで調味する。
4　2のフライパンの油を大さじ1/2くらいに減らし、ベーコンを加え、カリカリになるまで2〜3分炒める。器に、あればサラダ菜を敷いて3を盛り、ベーコンを油ごとかけ、残りのマヨネーズを細く絞る。

れんこん

淡白で、シャキシャキとした食感がよいれんこんは、使いやすくアクセントにもなるので、もっと登場させたい野菜。あく抜きは必須ですが、それさえしてしまえば冷凍OK。魅力的な食感もそのままです。

3ステップで冷凍

おすすめの保存量＞1節（300g）
おいしく食べられる保存期間＞約1ヵ月

1 よく洗って皮をむく。縦半分に切り、8〜10mm厚さの半月切りにする。

2 水に5〜10分さらし、水けをよく拭き取る。

3 冷凍用保存袋（中）に入れ、空気を抜きながら口を閉じて平らにし、できれば金属製トレイにのせて冷凍する。

れんこんのえびはさみ焼き

れんこんの十八番、はさみ焼きも冷凍のままどうぞ。
たねをえびベースにするとあっさり上品な味。

材料（2人分）
冷凍れんこん　150g（16枚）
たね
・むきえび　150g
・長ねぎのみじん切り　10cm分
・しょうがのみじん切り　½かけ分
・酒　大さじ1
・ごま油　小さじ1
・片栗粉　大さじ1
・砂糖、塩、こしょう　各少々
片栗粉　適量
サラダ油　大さじ1
貝割れ菜　適宜

作り方
1　たねを作る。むきえびは包丁で細かくたたく。ボウルに残りのたねの材料とともに入れ、粘りけが出るまでよく混ぜる。
2　<mark>冷凍れんこんは片面に片栗粉を薄くふり、</mark>その上に**1**のたねを⅛量のせ、もう1枚のれんこんではさむ。残りも同様に作ったら、全体に片栗粉を薄くまぶす。
3　フライパンにサラダ油を弱めの中火で熱し、**2**を並べる。ふたをして4〜5分蒸し焼きにし、裏返してふたをして3〜4分蒸し焼きにする。器に盛り、あれば貝割れ菜を散らす。

れんこんと手羽の照り煮

冷凍状態からじわじわ煮上がる間に
骨つき肉のうまみをたっぷり吸い込みます。

れんこんのカレーマヨ炒め

シンプルな炒め物ですがカレー粉の力は偉大!
お弁当にも最適なおかずです。

材料(2人分)
冷凍れんこん　150g(½節分)
手羽元　4本
こんにゃく　⅓枚(100g)
サラダ油　小さじ1
A｜だし汁　カップ½
　｜しょうゆ　大さじ2
　｜みりん　大さじ2
さやえんどうの塩ゆで　適宜

作り方
1　こんにゃくはスプーンなどで一口大にちぎる。
2　フライパンにサラダ油を中火で熱し、手羽先を加え、全体に焼き色がつくまで3〜4分焼く。
3　Aを加え、沸騰したらあくをすくう。**冷凍れんこん、こんにゃくを加え、**途中で上下を返しながら、煮汁が半分くらいになるまで12〜15分煮る。器に盛り、あればさやえんどうの塩ゆでを斜めのせん切りにして飾る。

材料(2人分)
冷凍れんこん　150g(½節分)
サラダ油　大さじ1
｜カレー粉　小さじ½
｜マヨネーズ　大さじ3
パセリのみじん切り　適宜

作り方
1　フライパンにサラダ油を弱めの中火で熱し、**冷凍れんこんを加え、**ふたをして弱火で5〜6分蒸し焼きにする。
2　れんこんに火が通ったら、カレー粉とマヨネーズをよく混ぜて加え、軽く炒め合わせる。器に盛り、あればパセリのみじん切りをふる。

ごぼう

洗ったり、皮を処理したりするのがめんどうでなかなか気軽に料理できない野菜ですが、これを一度にやって冷凍すれば、あとは調理するだけ！ごぼうが登場する回数がきっと増えると思います。

3ステップで冷凍

おすすめの保存量＞1本（200g）
おいしく食べられる保存期間＞約1ヵ月

1 長さを2～3等分に切り、よく洗って皮を包丁の背でこそげ取る。縦半分に切り、5～6cm長さの斜め薄切りにする。

2 水に5～10分さらしてあくを抜き、水けをよく拭き取る。

3 冷凍用保存袋（中）に入れ、空気を抜きながら口を閉じて平らにし、できれば金属製トレイにのせて冷凍する。

ごぼうとねぎとろのさつま揚げ

ねぎとろ用の手頃なまぐろにごぼうを加えて、風味豊かなさつま揚げに。焼きつけて作ります。

材料（2人分）
冷凍ごぼう　100g（½本分）
まぐろ（ねぎとろ用）　250g
A ┌ おろししょうが　小さじ2
　├ みそ　大さじ1
　└ 片栗粉　大さじ2
サラダ油　大さじ2
青じそ　適宜
おろし大根、おろししょうが　各適宜

作り方
1 **ボウルに冷凍ごぼうを凍ったまま入れ、**たっぷりの熱湯をかけて2～3分おき、ざるにあげて水けをよくきる。
2 別のボウルにまぐろ、Aを入れてよく混ぜ、ごぼうを加えて軽く混ぜ合わせる。6等分にし、手に水をつけて直径5～6cmの小判形にまとめる。
3 フライパンにサラダ油を中火で熱し、**2**を並べ入れ、焼き色がつくまで2～3分焼く。裏返してふたをし、ごぼうが柔らかくなり、裏面にも焼き色がつくまで3～4分蒸し焼きにする。
4 器に、あれば青じそを敷き、**3**を盛る。あればおろし大根、おろししょうがを添える。

ごぼうと豆腐の卵とじ

ごぼうと絹ごし豆腐というまったく逆の食感を
ふわふわ卵とやさしいとろみでまとめました。

ごぼうのペペロンチーノ

シンプルに炒めたらごぼうの魅力が前面に。
洋風にしていただくところも新鮮です。

材料(2人分)
冷凍ごぼう　100g(½本分)
絹ごし豆腐　½丁(150g)
鶏ひき肉　100g
卵　3個
グリンピース(冷凍)　大さじ2

煮汁
・だし汁　カップ1
・酒　大さじ2
・砂糖　大さじ1
・しょうゆ　小さじ1
・塩　小さじ½
・片栗粉　大さじ½

作り方
1　豆腐は2cm角に切る。卵は溶きほぐす。
2　鍋にひき肉、煮汁の材料を入れ、箸4〜5本でひき肉をよくほぐしてから、弱めの中火にかける。**沸騰したら冷凍ごぼうを凍ったまま加え、**ふたをして4〜5分煮たら、あくをすくう。
3　中火にし、豆腐、グリンピースを加え、一煮立ちしたら片栗粉を倍量の水で溶いてまわし入れ、とろみをつける。
4　溶き卵をまわし入れてふたをし、半熟状になるまで弱火で1分〜1分30秒火を通す。

材料(2人分)
冷凍ごぼう　100g(½本分)
にんにく　2かけ
赤唐辛子の小口切り　1本分
オリーブ油　大さじ2
塩、こしょう　各少々

作り方
1　にんにくは粗く刻む。
2　フライパンにオリーブ油、にんにく、赤唐辛子を入れて弱めの中火で熱し、香りが立ってくるまで1〜2分炒める。
3　**冷凍ごぼうを凍ったまま加え、**ふたをして3〜4分蒸し焼きにする。ふたを取り、強火にして水分をとばし、塩、こしょうで調味する。

長ねぎ

日持ちしない野菜ではありませんが、
生で使うより辛みが抜け、甘みが際立つので、
常備しておくと使う頻度がアップ！
大きく切ってそのおいしさを堪能しましょう。

2ステップで冷凍

おすすめの保存量＞3本（300g）
おいしく食べられる保存期間＞約1ヵ月

1 よく洗い、青い部分は切り落とす。1cm幅で5〜6cm長さの斜め切りにする。

2 冷凍用保存袋（中）に入れ、空気を抜きながら口を閉じて平らにし、できれば金属製トレイにのせて冷凍する。

材料（2人分）
冷凍長ねぎ　150g（1½本分）
鶏むね肉　½枚（120g）
A ┌ おろししょうが　小さじ1
　├ 酒　大さじ2
　└ 塩、こしょう　各少々
みょうが　2個
水菜　2茎
B ┌ ごま油　小さじ2
　├ しょうゆ　大さじ2
　├ 砂糖　大さじ1
　├ 酢　大さじ2
　└ 練りがらし　小さじ1

◆鶏むね肉は冷凍のもの（P70）同量でもよい。

長ねぎと蒸し鶏の
おひたし風サラダ

たれをかけてレンジで蒸すことで
長ねぎも鶏もしっとり。
さっぱりとした味わいのおかずサラダです。

作り方
1 耐熱皿に冷凍長ねぎ、鶏肉を入れ、Aを混ぜてふりかける。ふんわりとラップをかけ、電子レンジで5〜6分加熱する。肉の色が変わり、ねぎが柔らかくなればよい。
2 そのまま2〜3分おき、手でさわれるくらいに冷めたら鶏肉だけ取り出す。皮は細切りにし、身は粗く裂いて、ともに耐熱皿に戻し、2〜3分蒸し汁につける。
3 みょうがは縦半分に切り、斜め薄切りにする。水菜は4〜5cm長さに切る。Bはよく混ぜ合わせる。
4 2の粗熱がとれたら、みょうが、水菜、Bを加え、さっくりと混ぜる。

◆冷凍鶏むね肉を使う場合は、1のレンジの加熱時間を7〜8分にする。

長ねぎと焼き豚の
ごまだれあえ麺

油であえた麺をいただく新しい麺料理。
コクのあるごまだれがねぎによく合います。

材料（2人分）
冷凍長ねぎ　100g（1本分）
焼き豚　80g
生中華麺　2玉
サラダ油　大さじ1

ごまだれ
- 酢　大さじ2
- 練り白ごま　大さじ2
- しょうゆ　大さじ1
- 砂糖　小さじ1
- ごま油　大さじ1/2

作り方
1　焼き豚は1cm幅に切る。ごまだれの材料は混ぜ合わせる。
2　鍋にたっぷりの湯を中火で沸かし、**冷凍長ねぎ、中華麺を加え、**中華麺をほぐしながら表示時間通りにゆでる。ざるにあげてゆで汁をきり、ボウルに入れ、全体にサラダ油をまぶす。
3　焼き豚を加えて軽く混ぜ合わせ、器に盛り、ごまだれをかける。

長ねぎと牛こま切れの
すき焼き

鍋にしなくてもすき焼きを手軽に味わえます。
くたっと煮えたねぎは肉よりおいしいくらい！

材料（2人分）
冷凍長ねぎ　150g（1・1/2本分）
牛こま切れ肉　200g
しらたき　1/2個
サラダ油　大さじ1

A
- だし汁（または水）　大さじ2
- みりん　大さじ2
- 砂糖　小さじ2
- 酒　大さじ2
- しょうゆ　大さじ3

卵黄　2個分

作り方
1　しらたきは熱湯でさっとゆで、ざく切りにする。Aはよく混ぜ合わせる。
2　鍋にサラダ油を強火で熱し、**冷凍長ねぎを加え、1〜2分炒めて焼き色をつける。**長ねぎを端によせて牛肉を加え、箸でほぐしながら焼き色がつくまで1〜2分炒める。
3　中火にし、Aを加え、ときどき混ぜながら、2〜3分煮る。
4　牛肉と離してしらたきを加え、煮汁をからめながら1〜2分煮る。器に盛り、卵黄を添える。

大根

半分使ったら、残りの半分は迷わず冷凍！
こんなふうに小さく薄く切れば、加熱もスピーディです。
毎日のみそ汁に入れてもいいし、
煮物に、酢の物に、漬物にと、本当にいろいろ使えます。

おすすめの保存量＞½本（500g）
おいしく食べられる保存期間＞約1ヵ月

2ステップで冷凍

1
よく洗い、水けをよく拭き取る。皮をむいて縦4等分に切り、5mm厚さのいちょう切りにする。水分が多いので、できればバットなどに広げて10〜15分乾燥させる。

2
冷凍用保存袋（大）に入れ、空気を抜きながら口を閉じて平らにし、できれば金属製トレイにのせて冷凍する。

薄切りなら
凍ったままでも
早い！

大根と揚げボールの和風煮

まずはくたくたに煮て味わうのがおすすめ。
こういうおかずはときどき食べるとほっとします。

材料（2人分）
冷凍大根　250g（¼本分）
さつま揚げ（ボール状のもの）　10個
結び昆布　6個
煮汁
　だし汁　カップ1½
　酒　大さじ1
　みりん　大さじ2
　しょうゆ　大さじ1½

作り方
1　鍋に煮汁の材料を入れて中火で熱し、**沸騰したら冷凍大根、さつま揚げ、結び昆布を加える。**
2　一煮立ちしたらふたをし、弱火で18〜20分煮含める。

大根とたこのなます　ゆずこしょう風味

凍ったままつけ込みながらマリネ方式で作る1品。
おもてなしの突き出しなどにも重宝します。

材料（2人分）
冷凍大根　250g（¼本分）
ゆでだこの足　1本（100g）
合わせ酢
　ゆずこしょう　小さじ1
　酢　大さじ3
　砂糖　大さじ1
　塩　小さじ½
貝割れ菜　適宜
ゆずこしょう（飾り用）　小さじ½

作り方
1　たこは一口大のぶつ切りにする。
2　ボウルに冷凍大根を入れてたっぷりの熱湯をかけ、2～3分おく。ざるにあげて水けをよくきる。
3　ボウルに合わせ酢の材料を混ぜ合わせ、1、2を加えて混ぜ、そのまま5～10分おいて味をなじませる。あれば貝割れ菜を加えてさっくりと混ぜ、器に盛り、ゆずこしょうを天盛りにする。

大根のしょうゆ漬け

パリパリ、ポリポリと食べだしたらとまりません。
浅漬け風の小鉢は箸やすめにぴったり。

材料(2人分)
冷凍大根 200g (⅕本分)
酒 大さじ4
しょうゆ 大さじ2
赤唐辛子の小口切り 1本分

作り方
1 ボウルに冷凍大根を入れてたっぷりの熱湯をかけ、2〜3分おく。ざるにあげて水けをよくきる。
2 ボウルに酒、しょうゆ、赤唐辛子を混ぜ合わせ、1を加えて軽く混ぜる。そのまま5〜10分おいて味をなじませる。

大根、水菜、ベーコンのスープ

和の野菜たちをベーコンのだしで、
さらりとやさしいスープに仕立てました。

材料(2人分)
冷凍大根 200g (⅕本分)
水菜 3茎
ベーコン 3枚
水 カップ3
酒 大さじ2
固形スープの素 ½個
塩、粗びき黒こしょう 各少々

作り方
1 水菜は3cm長さに切り、ベーコンは2cm幅に切る。
2 鍋に冷凍大根、水、酒、固形スープの素を入れ、弱めの中火にかけ、ふたをして5〜6分加熱する。
3 大根が柔らかくなったら、水菜、ベーコンを加えて一煮立ちさせ、塩、粗びき黒こしょうで調味する。

白菜

頑張っても、普通の家庭なら1個使いきるのは大変。
野菜室でも場所をとり、そのうちにしなびてしまいます。
そこでおすすめは半個で買って、その半分を冷凍すること。
生のものと遜色なく使えるので、おいしく食べきれます。

おすすめの保存量＞¼個（500g）
おいしく食べられる保存期間＞約1ヵ月

2ステップで冷凍

1　よく洗い、水けをよく拭き取る。4〜5cm角のざく切りにする。

2　冷凍用保存袋（大）に入れ、空気を抜きながら口を閉じて平らにし、できれば金属製トレイにのせて冷凍する。

白菜とえびのタイ風サラダ

具材をすべていっしょにゆでてしまう作り方です。
甘ずっぱいエスニック味でいつもの食卓に変化を。

材料（2人分）
冷凍白菜　250g（⅛個分）
むきえび　80g
春雨（乾燥）　30g

ドレッシング
・おろしにんにく　小さじ½
・おろししょうが　小さじ1
・ごま油　大さじ1
・ナンプラー　大さじ2
・砂糖　小さじ1
・レモン汁　大さじ2
塩、こしょう　各少々
万能ねぎ　1本

◆むきえびは冷凍のもの（P92）6〜8尾でもよい。

作り方
1　むきえびはあれば背わたを取る。春雨はキッチンばさみで12〜13cm長さに切る。万能ねぎは斜め切りにして水に2〜3分さらし、水けをきる。大きめのボウルにドレッシングの材料をよく混ぜ合わせる。
2　鍋にたっぷりの水を用意し、春雨を加えて中火にかける。ときどき混ぜながら、春雨が透き通って柔らかくなるまで4〜5分ゆでる。
3　**2に冷凍白菜、むきえびを加え、**軽く混ぜながら2〜3分ゆでる。すべていっしょにざるにあげて水けをきり、ボウルに入れる。
4　3が熱いうちにドレッシングを加えて混ぜ合わせ、塩、こしょうで調味する。粗熱がとれたら器に盛り、万能ねぎを散らす。

◆冷凍えびを使う場合は、流水に5〜10分つけて半解凍状態にし、殻をむいて使う。

即席白菜キムチ

普通のキムチよりもさっぱりしていて
これなら好き、という人も多そう。

白菜、豚ばら、しいたけの
とろとろ煮

ばら肉、しいたけのだしの相乗効果!
とろとろに柔らかく煮えた白菜が絶品です。

材料(2人分)
冷凍白菜　250g(1/8個分)
つけ汁
- 細切り昆布　3g
- おろしにんにく　小さじ1
- おろししょうが　大さじ1/2
- 豆板醤(トウバンジャン)　大さじ1
- しょうゆ　大さじ1
- はちみつ　大さじ1
- すり白ごま　大さじ1 1/2
- ごま油　大さじ1

作り方
1　つけ汁を作る。細切り昆布はキッチンばさみで4～5cm長さに切り、残りのつけ汁の材料を加えて混ぜ合わせる。
2　==冷凍白菜はざるにのせてたっぷりの熱湯をかけ、==水けをよくきる。密閉容器などに白菜を入れ、つけ汁を加えて手でよくもみ込む。すぐに食べられるが、冷蔵庫で半日から一晩おいてもよい。

材料(2人分)
冷凍白菜　250g(1/8個分)
豚ばらかたまり肉　200g
干ししいたけ　3個
しょうが　1/2かけ
サラダ油　大さじ1/2

煮汁
- 水　カップ2
- 酒　大さじ2
- 砂糖　大さじ1 1/2
- しょうゆ　小さじ2
- 塩　小さじ2/3

作り方
1　豚肉は2cm厚さに切る。しょうがは皮つきのまま薄切りにする。
2　鍋にサラダ油を中火で熱し、豚肉を加えて全体に焼き色がつくまで2～3分炒める。煮汁の材料を加え、沸騰したらあくをすくう。
3　==冷凍白菜、干ししいたけ、しょうがを加えてふたをし、==豚肉としいたけが柔らかくなるまで弱火で20～25分煮る。
4　しいたけを取り出し、石突きを取って薄切りにして3に戻し、器に盛る。

part 3
特売の肉や魚介で！　ボリューム満点！
節約食材の
ダイレクトフリージングレシピ

肉や魚介などの主菜になる食材は、安いときにまとめて買って冷凍し、
それを上手に使いこなせば、かなり節約できます。
そこで今回は、特売になりやすい食材をピックアップし、みなさんの家計をバックアップ。
安く買って→できるだけラクに冷凍し→凍ったまま調理する、
このダイレクトフリージングの黄金リレーで、
お金も時間も手間もかけずに、じゅうぶんメインになるおかずを続々お目にかけます。

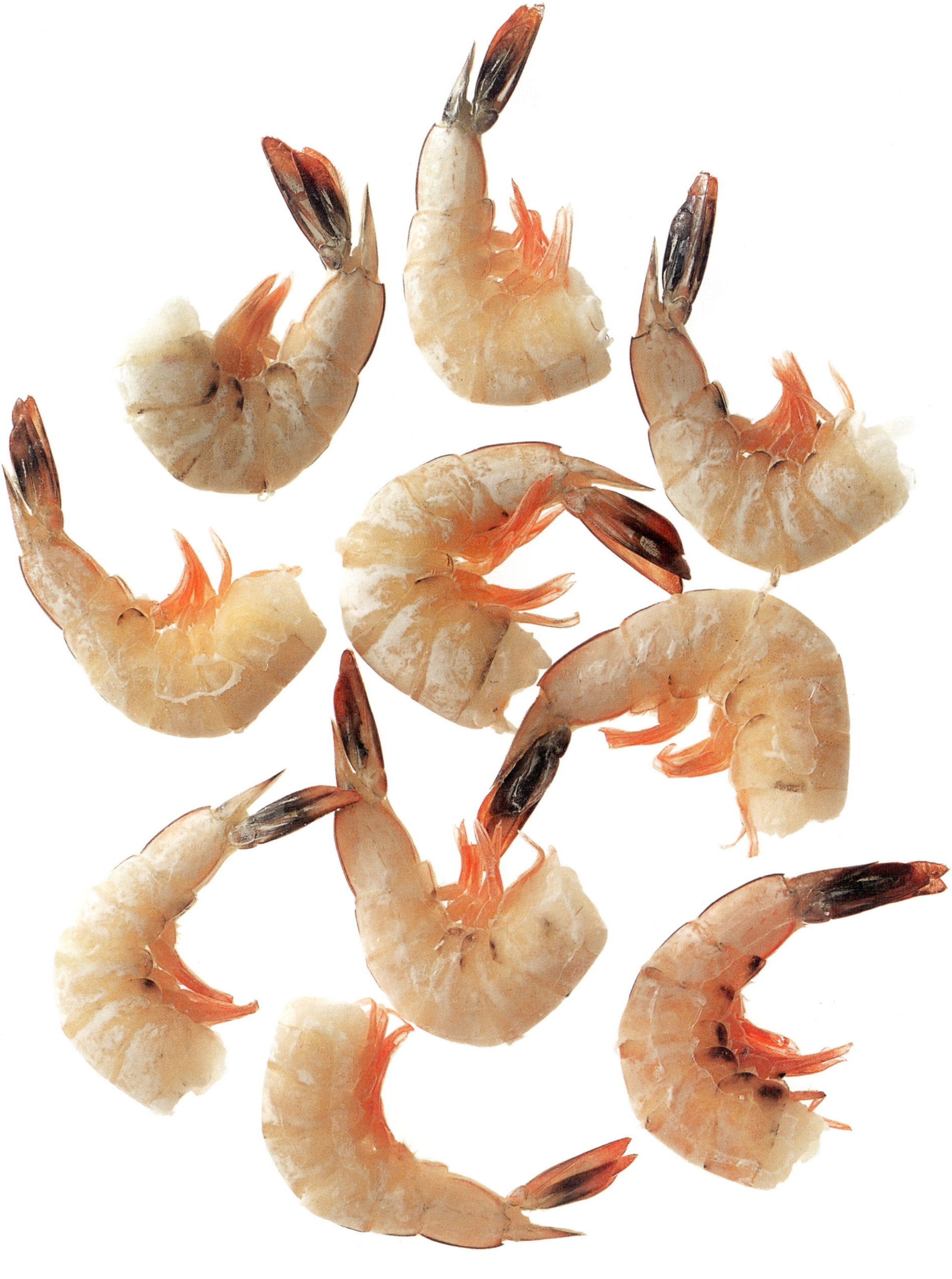

肉

鶏もも肉

鶏肉の中では適度に脂身があって味もよく、いちばん扱いやすい部位といえます。
ただし、大きなままでは冷凍にも調理にも時間がかかるので、一口大に切ってから。これでぐんと使いやすくなります。

3ステップで冷凍

おすすめの保存量＞300g（大1枚）×2パック
おいしく食べられる保存期間＞2〜3週間

1 肉のパックを逆さまにして置き、ラップをていねいに開いてトレイをはずす。余分な脂分を取りながら、皮つきのまま2〜3cm角に切る。

2 肉が重ならないように広げ、包まれていたラップで空気が入らないように包み直す。もう1パックも同様に包む。

3 冷凍用保存袋（中）に入れ、空気を抜きながら口を閉じ、できれば金属製トレイにのせて冷凍する。

鶏のサイコロ照り焼き

甘辛いたれがからんだ焼き鶏風。
しょうゆバターの香りが食欲をそそります。

材料（2人分）
冷凍鶏もも肉　300g（大1枚分）
しし唐　10本
サラダ油　大さじ1
酒　大さじ2
しょうゆ　大さじ1½
バター　大さじ1

作り方
1 フライパンにサラダ油大さじ½を中火で熱し、しし唐を加え、全体に油がまわる程度にさっと炒めたらいったん取り出す。

2 フライパンにサラダ油大さじ½を足し、弱めの中火で熱し、==冷凍鶏もも肉を凍ったまま加える。== 酒をふり、ふたをして7〜8分蒸し焼きにする。

3 鶏肉に八分通り火が通ったら中火にし、しょうゆ、バターを加え、全体にからめながら2〜3分加熱する。汁けが半分くらいになったら、しし唐を戻し入れ、軽く混ぜて器に盛る。

チキンカレー

いきなり煮込んじゃうお手抜きカレーですが、
野菜のすりおろしで本格派の味わいに。

材料(2人分)
冷凍鶏もも肉　300g(大1枚分)
玉ねぎ　1個
にんじん　1/4本
おろしにんにく　小さじ1
おろししょうが　大さじ1/2
水　カップ1 1/2
酒　大さじ2
カレールウ(市販)　80g
ケチャップ、バター　各大さじ1
温かいご飯　茶碗2杯強
スライスアーモンド　適宜

作り方
1　玉ねぎ、にんじんはすりおろすか、フードプロセッサーですりおろした状態にする。
2　鍋に水、酒を入れて弱めの中火で沸かし、==冷凍鶏もも肉を凍ったまま加える。==ふたをして、半解凍状態になるまで4〜5分蒸し焼きにする。
3　あくをすくい、玉ねぎ、にんじん、にんにく、しょうがを加えて軽く混ぜ合わせ、再びふたをして約15分煮る。
4　一度火を止め、カレールウを入れて溶かし混ぜたら中火にかけ、ケチャップ、バターを加えて混ぜ合わせる。器に温かいご飯を盛り、カレーをかけ、あればスライスアーモンドを軽くいって散らす。

鶏むね肉

むね肉の魅力はなんといっても手頃な価格！
これを特売のときに買って常備しておけば、
食費節約にはかなり貢献できるはず。
パサつきが気にならず、しっかりメインがはれるレシピをご紹介。

3ステップで冷凍

おすすめの保存量＞250g（大1枚）×2パック
おいしく食べられる保存期間＞2〜3週間

1 肉のパックを逆さまにして置き、ラップをていねいに開いてトレイをはずす。余分な脂分を取りながら、皮つきのまま1cm幅のそぎ切りにする。

2 肉が重ならないように広げ、包まれていたラップで空気が入らないように包み直す。もう1パックも同様に包む。

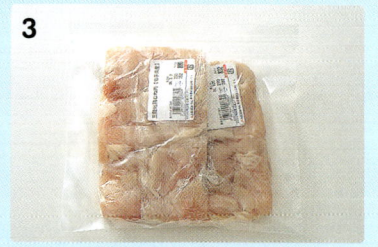

3 冷凍用保存袋（中）に入れ、空気を抜きながら口を閉じ、できれば金属製トレイにのせて冷凍する。

あっさり唐揚げ

脂身のないむね肉だからあっさり、さっぱり。
温度を2段階にして揚げると外はカリッで中はふっくら。

材料（2人分）
冷凍鶏むね肉　250g（大1枚分）
A ┌ おろししょうが　大さじ½
　├ しょうゆ　大さじ1
　├ 酒　大さじ½
　└ 塩、こしょう　各少々
溶き卵　½個分
片栗粉　大さじ4
揚げ油　適量
レタス、トマトのくし形切り　各適宜

作り方
1 ボウルにAを入れ、<mark>冷凍鶏むね肉を凍ったまま加え、</mark>室温に15〜20分おく。ときどき混ぜ、味をなじませる。

2 鶏肉が柔らかくなったら、溶き卵、片栗粉を加えて手でよくもみ込む。

3 揚げ油を中温（170度）に熱し、肉に2の衣をたっぷりつけ、落とし入れる。1〜2分して周囲が固まったらときどき裏返しながら、全体が薄く色づくまで3〜4分揚げ、最後に揚げ油を高温（180度）にして1〜2分揚げる。器に盛り、あればレタス、トマトのくし形切りを添える。

鶏肉と根菜のうま煮

根菜たっぷりのボリュームがある和風煮。
わずかにとろみのついた煮汁でやさしい口当たりです。

材料(2人分)
冷凍鶏むね肉　250g(大1枚分)
れんこん　1/2節(150g)
にんじん　1/2本(75g)
ごま油　大さじ1/2
煮汁
　・だし汁　カップ1 1/2
　・酒　大さじ3
　・みりん　大さじ1 1/2
　・しょうゆ　大さじ1 1/2
片栗粉　大さじ1/2
◆れんこんは冷凍のもの(P54)同量、にんじんは冷凍のもの(P36)同量でもよい。

作り方
1　れんこんは皮をむいて一口大の乱切りにし、水に5分さらす。にんじんは皮をむいて一口大の乱切りにする。
2　鍋にごま油を中火で熱し、れんこん、にんじんを加え、全体に油がまわる程度に炒める。
3　煮汁の材料を加え、==沸騰したら====冷凍鶏むね肉を凍ったまま加える。==弱めの中火にし、途中であくをすくいながら、ふたをして鶏肉と野菜が柔らかくなるまで12〜13分煮る。
4　片栗粉を倍量の水で溶いてまわし入れ、一煮立ちさせてとろみをつける。
◆冷凍れんこん、冷凍にんじんを使う場合でも、作り方は同様でよい。

手羽先

コラーゲンが豊富で、女性や年配の方にもうれしい食材。
骨つき肉はなんといってもうまみがありますから、
シンプルに味わうレシピがおすすめです。
もちろん子どもにだって大人気のメニューに！

3ステップで冷凍

おすすめの保存量＞300g（6本）×2パック
おいしく食べられる保存期間＞2～3週間

1 肉のパックを逆さまにして置き、ラップをていねいに開いてトレイをはずす。

2 肉が重ならないように広げ、包まれていたラップで空気が入らないように包み直す。もう1パックも同様に包む。

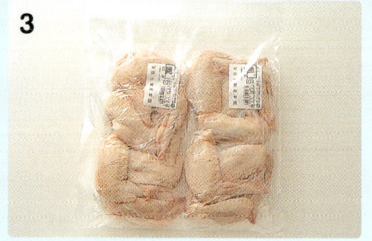

3 冷凍用保存袋（中）に入れ、空気を抜きながら口を閉じ、できれば金属製トレイにのせて冷凍する。

ゆで鶏のラー油あえ

ジューシーな手羽先は、ビールのつまみにも最高！
辛みをおさえれば子どもたちも食べられます。

材料（2人分）
冷凍手羽先　300g（6本）
きゅうり　1本
酒　大さじ2
ラー油　大さじ1
めんつゆ（2倍希釈）　大さじ3
塩、こしょう　各少々

作り方
1　鍋にたっぷりの湯を沸かし、酒を加え、中火で熱する。**沸騰したら冷凍手羽先を凍ったまま加え、**ときどきあくをすくいながら、ふたをして10分ゆで、火を止めてそのまま約10分おく。
2　きゅうりは包丁の背かめん棒などでたたいて一口大にする。
3　手羽先が手でさわれる温度になったらゆで汁から取り出し（ゆで汁は捨てずに、スープなどに利用するとよい）、キッチンばさみなどで半分に切り、ボウルに入れる。
4　3にラー油、めんつゆを加えてまぶし、きゅうりも加える。塩、こしょうで調味し、さっくりと混ぜて器に盛る。

手羽先のごま塩焼き

一面にはりつけたごまがいっしょにこんがり。
上品ぶらず手づかみで楽しみましょう。

材料（2人分）
冷凍手羽先　300g（6本）
いり白ごま　大さじ2
生しいたけ　6個
A ┌ 小麦粉　大さじ1⅓
　├ 水　大さじ1
　└ 塩　小さじ¼

作り方
1　しいたけは石突きを取る。Aは混ぜ合わせる。
2　魚焼きグリルの網の上に<mark>冷凍手羽先を凍ったまま皮面を下にして並べ、</mark>しいたけも並べて、弱火で8〜10分焼く。薄く焼き色がつけば、中はまだ生でもよい。
3　しいたけを取り出す。手羽先は裏返し、皮面にAを等分に塗って上にごま小さじ1ずつをふり、手で軽く押しつけてくっつける。
4　3を再び魚焼きグリルで、弱火で8〜10分焼く。骨の横に竹串を刺し、透き通った汁が出てくればよい。器に盛り、しいたけを添える。

豚こま切れ肉

とにかくよく特売になるので、とりあえず買っておこう、と手がのびるお助け食材。いつも野菜炒めじゃつまらないので、肉の量控えめで、ボリュームが出る経済おかずを考えました。

3ステップで冷凍

おすすめの保存量＞200g×2パック
おいしく食べられる保存期間＞2〜3週間

1 肉のパックを逆さまにして置き、ラップをていねいに開いてトレイをはずす。

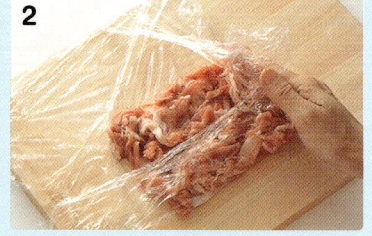

2 肉を1cm厚さくらいになるように平らに広げ、包まれていたラップで空気が入らないように包み直す。もう1パックも同様に包む。

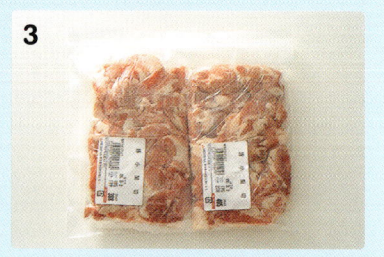

3 冷凍用保存袋（中）に入れ、空気を抜きながら口を閉じ、できれば金属製トレイにのせて冷凍する。

ごま風味の豚キムチ炒め

豚キムチのおいしさは何度食べても飽きません。
ときにはいりごまをたっぷり入れて香ばしく。

材料（2人分）
冷凍豚こま切れ肉　200g（1パック分）
白菜キムチ　200g
にら　1束
いり白ごま　大さじ1
酒　大さじ1
ごま油　大さじ1
塩、こしょう　各少々

作り方
1 白菜キムチはざく切りにする。にらは5cm長さに切る。
2 フライパンにごま油を弱めの中火で熱し、==冷凍豚こま切れ肉を凍ったまま加えて酒をふり、==ふたをして4〜5分蒸し焼きにする。豚肉が柔らかくなったら、箸でほぐす。
3 中火にし、白菜キムチを加え、汁けがほとんどなくなるまで2〜3分炒める。
4 にら、白ごまを加えて手早く炒め合わせ、塩、こしょうで調味する。

豚肉と玉ねぎの肉てん

玉ねぎと組み合わせて揚げた団子状のてんぷら。
1つ、また1つと手がのびるおいしさです。

材料（2人分）
冷凍豚こま切れ肉
　200g（1パック分）
しょうゆ、みりん　各大さじ1
玉ねぎ　½個（100g）
A┬溶き卵　½個分
　├小麦粉　大さじ3
　└片栗粉　大さじ3
紅しょうがのせん切り　30g
揚げ油　適量

◆玉ねぎは冷凍のもの（P20）同量でもよい。

作り方
1　ボウルにしょうゆとみりんを入れ、冷凍豚こま切れ肉を凍ったまま加え、室温に15～20分おき、ときどき混ぜて味をなじませる。玉ねぎは5mm幅の細切りにする。
2　豚肉が柔らかくなったら、Aを加えて手でよくもみ込む。玉ねぎ、紅しょうがを加え、さっくりと混ぜ合わせる。
3　揚げ油を中温（170度）に熱し、2をスプーンですくって落とし入れ、全体がきつね色になるまで両面を2～3分ずつ揚げる。

◆冷凍玉ねぎを使う場合は、1で豚肉とともに加えればよい。

スペアリブ

ガッツリ食べごたえがあるスペアリブも
手頃なのに豪華に仕立てられるうれしい存在です。
長いままのものもありますが、凍ったまま調理するなら
ぶつ切りのものがおすすめです。

3ステップで冷凍

おすすめの保存量＞300g（8個）×2パック
おいしく食べられる保存期間＞2〜3週間

1 肉のパックを逆さまにして置き、ラップをていねいに開いてトレイをはずす。

2 肉が重ならないように広げ、包まれていたラップで空気が入らないように包み直す。もう1パックも同様に包む。

3 冷凍用保存袋（中）に入れ、空気を抜きながら口を閉じ、できれば金属製トレイにのせて冷凍する。

スペアリブ、長ねぎ、エリンギのみそ蒸し

こってりとからんだみそだれは少々中華テイスト。
肉も野菜もしっかり味がついておいしい！

材料（2人分）
冷凍スペアリブのぶつ切り　300g（8個）
長ねぎ　1本
エリンギ　2本
にんにく　1かけ
しょうが　1/2かけ
ごま油　大さじ1/2
酒　大さじ1
A ┌ 水　カップ1/2
　├ みそ　大さじ1
　├ しょうゆ　大さじ1
　└ 砂糖　小さじ1

作り方
1 長ねぎは5cm長さのぶつ切りにする。エリンギは長さを半分に切り、縦4等分に切る。にんにくは薄切りにし、しょうがはせん切りにする。Aはよく混ぜ合わせる。
2 フライパンにごま油、にんにく、しょうがを入れて弱めの中火で熱し、==冷凍スペアリブを加え、==酒をふり、ふたをして10分蒸し焼きにする。
3 長ねぎ、エリンギ、Aを加えて軽く混ぜ合わせ、再びふたをし、4〜5分蒸し焼きにする。

ポークビーンズ

骨つき肉で作るとコクとパンチが出ます。
ご飯にもパンにも合うので多めに作っておくと重宝。

材料(2人分)
**冷凍スペアリブのぶつ切り
　　300g(8個)**
大豆(缶詰・ドライパック)
　　130g(1缶)
トマト水煮(缶詰・ホールタイプ)
　　200g(½缶)
玉ねぎ　½個(100g)
にんにくのみじん切り　1かけ分
オリーブ油　大さじ1
白ワイン　カップ½
ローリエ　1枚
固形スープの素　½個
マヨネーズ　大さじ1
塩、こしょう　各少々
パセリのみじん切り　適宜
◆玉ねぎは冷凍のもの(P20)同量でもよい。

作り方
1　玉ねぎはみじん切りにする。トマトは果肉をざく切りにする。
2　フライパンにオリーブ油、にんにくを入れて弱めの中火で熱し、香りが立ってきたら、冷凍スペアリブ、玉ねぎを加え、全体に油がまわる程度に炒める。
3　白ワイン、ローリエ、固形スープの素を加え、ふたをして10分蒸し焼きにする。
4　スペアリブが半解凍状態になったらあくをすくって中火にし、大豆、トマトを加える。ときどき混ぜながら、煮汁が半分くらいになるまで7〜8分煮る。
5　火を止め、煮汁少々でマヨネーズをのばして加え、塩、こしょうで調味する。器に盛り、あればパセリのみじん切りを散らす。

◆冷凍玉ねぎを使う場合でも、作り方は同様でよい。

豚ひき肉

ひき肉の中でも安価で、豚のうまみが濃厚。
上手に使えば食べごたえのあるおかずが作れます。
肉ばかりでなく、野菜もいっしょにおいしくとる、
そんなメニューを考えました。

3ステップで冷凍

おすすめの保存量＞200g×2パック
おいしく食べられる保存期間＞2～3週間

1 肉のパックを逆さまにして置き、ラップをていねいに開いてトレイをはずす。

2 肉を1cm厚さくらいになるように平らに広げ、包まれていたラップで空気が入らないように包み直す。もう1パックも同様に包む。

3 冷凍用保存袋（中）に入れ、空気を抜きながら口を閉じ、できれば金属製トレイにのせて冷凍する。

サイコロステーキ 甘酢あんかけ

冷凍の形のまま焼きつけるダイナミックステーキ。
ケチャップベースのあんに野菜もたっぷり混ぜて。

材料（2人分）

- 冷凍豚ひき肉 200g（1パック分）
- 塩、こしょう 各少々
- ピーマン 2個
- にんじん ¼本
- サラダ油 大さじ1

甘酢あん
- 水 カップ¼
- 顆粒鶏がらスープの素 小さじ½
- 酢 大さじ2
- 砂糖 大さじ3
- ケチャップ 大さじ2
- しょうゆ 小さじ1
- 酒 大さじ½
- 片栗粉 大さじ½
- 塩 小さじ¼
- こしょう 少々

作り方

1 ピーマンはへたと種を取り、せん切りにする。にんじんは皮をむき、せん切りにする。甘酢あんの材料はよく混ぜ合わせる。**冷凍豚ひき肉は両面に塩、こしょうをふる。**

2 フライパンにサラダ油を弱めの中火で熱し、ひき肉を入れてふたをし、焼き色がつくまで両面を4～5分ずつ蒸し焼きにする。竹串を刺して透き通った肉汁が出ればよい。取り出して一口大に切り、器に盛る。

3 フライパンをキッチンペーパーできれいに拭き、甘酢あんを入れ、中火で熱する。よく混ぜながら1～2分加熱し、とろみがついたら、ピーマン、にんじんを加えて一煮立ちさせる。

4 2の上に、3をかける。

肉みそレタス包み

うそのようにたくさんレタスが食べられます。
包みながら食べるのも楽しい!

材料(2人分)
冷凍豚ひき肉　200g（1パック分）
ゆで竹の子　1/2個（100g）
長ねぎのみじん切り　10cm分
にんにくのみじん切り　1かけ分
しょうがのみじん切り　1/2かけ分
レタス　3〜4枚
A｜みそ　大さじ3
　｜しょうゆ　大さじ1 1/2
　｜酒　大さじ3
　｜砂糖　大さじ3
　｜片栗粉　小さじ1
ごま油　大さじ1/2

作り方
1　ゆで竹の子はみじん切りにする。レタスは芯を取りながら、10cm角くらいに手でちぎる。Aはよく混ぜ合わせる。
2　フライパンにごま油を弱めの中火で熱し、==冷凍豚ひき肉を加える。==ふたをして4〜5分蒸し焼きにし、木べらでぽろぽろになるまでよくほぐす。
3　中火にして竹の子、長ねぎ、にんにく、しょうがを加えて炒め合わせ、Aを混ぜながら加え、全体によくからめながら2〜3分炒める。レタスとともに器に盛り、レタスでこれを包んでいただく。

合いびき肉

おなじみの合いびき肉はさまざまな料理に展開でき、あって困ることはありません。
大胆に冷凍したそのままの形を生かしてもいいし、蒸し焼きにすればほぐして使うこともできます。

3ステップで冷凍

おすすめの保存量＞200g×2パック
おいしく食べられる保存期間＞2〜3週間

1 肉のパックを逆さまにして置き、ラップをていねいに開いてトレイをはずす。

2 肉を1cm厚さくらいになるように平らに広げ、包まれていたラップで空気が入らないように包み直す。もう1パックも同様に包む。

3 冷凍用保存袋（中）に入れ、空気を抜きながら口を閉じ、できれば金属製トレイにのせて冷凍する。

パックの
ままの形で
焼きつけちゃう

ひき肉チーズステーキ きのこソース

お肉100%のハンバーグ風ステーキ。
とろけるチーズと香り高いきのこソースで豪華メニューに！

材料（2人分）
冷凍合いびき肉　200g（1パック分）
塩、こしょう　各少々
生しいたけ　3個
マッシュルーム　6個
スライスチーズ　2枚
オリーブ油　大さじ½
ソース
　粒マスタード　大さじ1
　ケチャップ　大さじ3
　ウスターソース　大さじ1½
　しょうゆ　小さじ1
　みりん　大さじ1½
セルフィーユ　適宜

作り方

1　しいたけ、マッシュルームはそれぞれ石突きを取り、5mm厚さに切る。スライスチーズは半分に折って重ねる。ソースの材料は混ぜ合わせる。

2　冷凍合いびき肉は両面に塩、こしょうをふる。フライパンにオリーブ油を弱めの中火で熱し、<mark>冷凍合いびき肉を凍ったまま加える。</mark>ふたをして焼き色がつくまで、両面を4〜5分ずつ蒸し焼きにする。竹串を刺して透き通った肉汁が出ればよい。ひき肉をフライ返しなどで半分に切り、端によせる。

3　しいたけ、マッシュルームを加え、油がまわる程度に炒める。ソースを加えて一煮立ちさせ、スプーンでひき肉にまわしかけながら、とろみがつくまで2〜3分煮詰める。

4　火を止め、ひき肉の上にチーズをのせ、ふたをし、チーズが溶けるまで1〜2分おく。器に盛り、フライパンに残ったソースをかけ、あればセルフィーユを添える。

ひき肉となすの炒め煮　カレー風味

くったりと煮えたなすがうまみを吸っておいしい！
豆が入っているのでボリューム感もあります。

材料（2人分）
冷凍合いびき肉　200g（1パック分）
なす　3本
にんにくのみじん切り　½かけ分
しょうがのみじん切り　½かけ分
ミックスビーンズ（缶詰・ドライパック）　110g（1缶）
サラダ油　大さじ1
煮汁
　┌ めんつゆ（2倍希釈）　カップ½
　├ 水　カップ¼
　└ カレー粉　大さじ1⅓

作り方
1　なすはへたを切り落とし、長さを半分に切り、縦4等分に切る。
2　フライパンにサラダ油を弱めの中火で熱して**冷凍合いびき肉を凍ったまま加え、**ふたをして4〜5分蒸し焼きにし、木べらでぽろぽろになるまでよくほぐす。
3　中火にし、なす、にんにく、しょうがを加え、全体に油がまわる程度に炒め合わせる。ミックスビーンズ、煮汁の材料をよく混ぜて加え、ときどき混ぜながら、汁けがほとんどなくなるまで12〜13分煮る。

タコライス

アツアツでピリ辛のひき肉と生野菜のコントラストが新鮮！
辛さはタバスコの量で好みに調節して。

材料(2人分)
- 冷凍合いびき肉 200g(1パック分)
- にんにくのみじん切り 1かけ分
- しょうゆ 大さじ1½
- タバスコ 小さじ1
- ごま油 大さじ½
- 塩、こしょう 各少々
- レタス 2枚
- トマト 1個
- プロセスチーズ 40g
- 温かいご飯 茶碗に2杯強

作り方

1　レタスは芯を取って適当にちぎり、1cm幅に切る。トマトはへたを取り、1cm角に切る。チーズは1cm角に切る。

2　フライパンにごま油を弱めの中火で熱し、**冷凍合いびき肉を凍ったまま加え、**ふたをして4〜5分蒸し焼きにし、木べらでぽろぽろになるまでほぐす。中火にし、にんにく、しょうゆ、タバスコを加え、ほとんど水分がなくなるまで2〜3分炒め、塩、こしょうで調味する。

3　器に温かいご飯を盛り、レタスをのせ、トマト、プロセスチーズを散らす。2を熱いうちにかけ、混ぜながらいただく。

牛こま切れ肉

高い牛肉を少しだけ使うくらいなら、手頃なこま切れ肉を気兼ねなくおいしく食べるほうがいいですよね。家族みんなが大好きで、しかも野菜もたっぷりとれる、そんなメニューをご紹介。これからの定番にしてください。

3ステップで冷凍

おすすめの保存量＞200g×2パック
おいしく食べられる保存期間＞2〜3週間

1 肉のパックを逆さまにして置き、ラップをていねいに開いてトレイをはずす。

2 肉を1cm厚さくらいになるように平らに広げ、包まれていたラップで空気が入らないように包み直す。もう1パックも同様に包む。

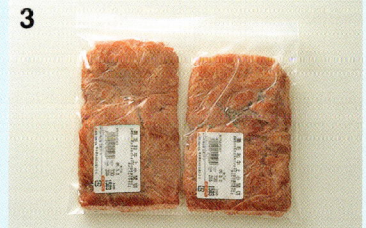

3 冷凍用保存袋（中）に入れ、空気を抜きながら口を閉じ、できれば金属製トレイにのせて冷凍する。

甘みそ焼き肉サラダ

生野菜をたっぷり食べるにはこのメニューは欠かせません。甜麺醤入りの手作りだれだとたちまちごちそうに！

材料（2人分）
- 冷凍牛こま切れ肉　200g（1パック分）
- 酒　大さじ2
- 玉ねぎ　½個（100g）
- サニーレタス　2〜3枚
- ごま油　大さじ1
- A ┌ 甜麺醤（テンメンジャン）　大さじ2
    ├ しょうゆ　小さじ2
    ├ 砂糖　小さじ1
    └ ごま油　小さじ

◆甜麺醤がなければみそ大さじ1½で代用し、砂糖は大さじ1に増やす。

作り方

1 玉ねぎは薄切りにする。サニーレタスは芯を取りながら、一口大にちぎる。Aはよく混ぜ合わせる。

2 フライパンにごま油を弱めの中火で熱し、冷凍牛こま切れ肉を加え、酒をふる。ふたをして4〜5分蒸し焼きにし、牛肉が半解凍状態になったら、箸でほぐす。

3 中火にし、Aを加え、汁けがほとんどなくなるまで2〜3分炒める。器にサニーレタス、玉ねぎを盛り、2を熱いうちにのせ、混ぜながらいただく。

牛こま切れのビーフシチュー

こま切れ肉なら煮込み時間もかからずスピーディ。
ご飯にかけるのもおすすめの食べ方です。

材料(2人分)
冷凍牛こま切れ肉　200g(1パック分)
玉ねぎ　1/2個(100g)
じゃが芋　1個
にんじん　1/2本(75g)
さやいんげん　4〜5本
水　1・1/2カップ
酒　大さじ2
デミグラスソース(缶詰)　280g(1缶)
バター　大さじ1
塩、こしょう　各少々

◆玉ねぎは冷凍のもの(P20)同量、にんじんは冷凍のもの(P36)同量でもよい。

作り方

1　玉ねぎは4等分のくし形切りにする。じゃが芋は皮をむいて6等分に切る。にんじんは一口大の乱切りにする。いんげんはへたと筋を取り、長さを3等分に切る。

2　鍋に水、酒を入れ、弱めの中火で沸かし、冷凍牛こま切れ肉、玉ねぎ、じゃが芋、にんじんを加える。ふたをして8〜10分加熱し、牛肉と野菜が柔らかくなったら、牛肉を箸でほぐす。

3　中火にし、沸騰したらあくをすくう。デミグラスソース、バター、いんげんを加え、軽く混ぜ合わせる。いんげんが柔らかくなるまで2〜3分煮て、塩、こしょうで調味する。

◆冷凍玉ねぎ、冷凍にんじんを使う場合でも、作り方は同様でよい。

魚介

甘塩鮭

魚を冷凍すると味が落ちてしまうことが多く、
あまりおすすめできないのですが、これは別。
塩がされていて適度に水分が抜けているので味も落ちず、
いろいろな料理に応用できる点もいいのです。

3ステップで冷凍

おすすめの保存量＞2切れ（1切れ100g）×2パック
おいしく食べられる保存期間＞2～3週間

1 魚のパックを逆さまにして置き、ラップをていねいに開き、あれば脱水シートとトレイをはずす。

2 包まれていたラップで空気が入らないように包み直す。鮭2切れの間にラップをはさんでおくと取り出しやすい。もう1パックも同様に包む。

3 冷凍用保存袋（中）に入れ、空気を抜きながら口を閉じ、できれば金属製トレイにのせて冷凍する。

野菜もいっしょに蒸し焼きに

鮭、じゃが芋、コーンのみそバター焼き

北の恵みを一皿に詰め込んだようなメニュー。
フライパンで一気に作れちゃうので本当に簡単です。

材料(2人分)
冷凍甘塩鮭　2切れ(200g)
じゃが芋　2個
コーン(缶詰・ホールタイプ)
　大さじ3
酒　大さじ2
水　大さじ2
サラダ油　大さじ1
A ┬ みそ　大さじ1½
　└ みりん　大さじ2
バター　大さじ1

作り方
1　じゃが芋は皮をむき、1cm厚さの輪切りにする。Aはよく混ぜ合わせる。
2　フライパンにサラダ油を弱めの中火で熱し、**冷凍甘塩鮭、じゃが芋を並べ入れる。**酒、水をふり、ふたをして8～10分蒸し焼きにし、鮭とじゃが芋が柔らかくなったら裏返す。竹串を刺してすっと通ればよい。
3　中火にし、コーン、A、バターを加えて一煮立ちさせ、全体にからめる。

鮭のかやくご飯

お米に鮭を凍ったままのせ、炊けたらほぐして混ぜるだけ。
ご飯を炊く時間でごちそうができ上がります。

材料（2〜3人分）
冷凍甘塩鮭　200g（2切れ）
米　2合
にんじん　1/5本
ごぼう　1/4本
れんこん　1/4節
水　カップ2
A ┌ 酒　大さじ2
　├ しょうゆ　小さじ1
　└ 塩　小さじ1/2
昆布　5cm角

作り方
1　米は洗ってざるにあげ、水けをきる。にんじんは太めのせん切りにする。ごぼうは包丁の背で皮をこそげ取り、ささがきにする。れんこんは縦4等分に切り、薄切りにする。ごぼう、れんこんはそれぞれ水に5分さらしてから、水けをよくきる。
2　炊飯器の内釜に米を入れ、水、Aを入れ、軽く混ぜ合わせる。にんじん、ごぼう、れんこんを加え、さっくりと混ぜ合わせ、**昆布、冷凍甘塩鮭をのせ**、普通の白米モードで炊く。
3　炊き上がったら昆布と鮭を取り出す。鮭は皮と骨を取って戻し入れ、さっくりと混ぜて器に盛る。

鮭のトマトクリームソース

トマトのさわやかな酸味でしつこくないクリーム味に。
白ワインで蒸し焼きにすると臭みが消えます。

材料(2人分)
冷凍甘塩鮭　200g(2切れ)
トマト　2個(300g)
白ワイン(または酒)　大さじ2
生クリーム　カップ1/2
サラダ油　大さじ1
こしょう　少々
水菜のざく切り　適宜
◆トマトは冷凍のもの(P44)同量でもよい。

作り方
1　トマトはへたの部分を取り、1.5～2cm角に切る。
2　フライパンにサラダ油を弱めの中火で熱し、**冷凍甘塩鮭を並べる。**白ワインをふり、ふたをして4～5分蒸し焼きにし、裏返す。
3　強火にし、トマトを加えて2～3分煮詰める。生クリームを加え、とろみがつくまでよく混ぜながらさらに2～3分煮詰め、こしょうで調味する。器に鮭を盛り、フライパンに残ったソースをかける。あれば水菜のざく切りを添える。

◆冷凍トマトを使う場合は、水に3～4分つけて皮がはじけてきたらむき、へたの部分をくりぬいてざく切りにする。**3**の加熱時間を4～5分にする。

いか

最近は通年、手頃で品質のよいいかが手に入ります。
内臓や皮の処理があるので、そのつど調理するのはめんどうですが、
まとめて使いやすく切って冷凍しておけば、その手間はゼロ。
どんどん食卓に登場させられます。

2ステップで冷凍

おすすめの保存量＞2はい（1ぱい300g）
おいしく食べられる保存期間＞2〜3週間

1 足をひっぱって内臓を取り出し、軟骨も取ってきれいに洗う。えんぺらは胴からはずす。胴は5cm×1cmの短冊切りにし、えんぺらは1cm幅に切る。足は、2本ずつ切り離す。

2 冷凍用保存袋（大）に入れ、空気を抜きながら口を閉じ、できれば金属製トレイにのせて冷凍する。

いかのねぎ塩炒め

シンプルないかのおいしさが堪能できます。
たっぷりのねぎが入って、野菜もじゅうぶん。

材料（2人分）
冷凍いか　300g（1ぱい分）
長ねぎのみじん切り　1/2本分
万能ねぎ　10本
ごま油　大さじ1
酒　大さじ1
塩　小さじ2/3
こしょう　少々

作り方
1 万能ねぎは小口切りにする。
2 フライパンにごま油を弱めの中火で熱し、==冷凍いかを加えて酒をふり、==ふたをして3〜4分蒸し焼きにする。
3 いかを箸でほぐし、強火にし、ねぎ、万能ねぎを加えて手早く炒め合わせ、塩、こしょうで調味する。

いかとパプリカのピーナッツあえ

さっとゆでてあえるだけの簡単サラダ。
ピーナッツのつぶつぶ感と香りが目新しさを感じさせます。

材料(2人分)
冷凍いか　300g（1ぱい分）
パプリカ（赤・黄）　各½個
A ┌ しょうゆ　大さじ1½
　├ みりん　小さじ2
　└ バターピーナッツ　大さじ4

作り方
1　パプリカはへたと種を取り、細切りにする。ピーナッツはみじん切りにし、残りのAの材料を加えてよく混ぜ合わせる。
2　鍋にたっぷりの湯を中火で沸かし、<mark>冷凍いか、パプリカを加え、</mark>いかの色が変わって火が通るまで3〜4分ゆでる。
3　ざるにあげて水けをきり、ボウルに入れ、Aを加えてさっくりとあえる。

えび

えびのおいしさは殻つきかどうかが分かれ目です。
だから冷凍するときも、殻をむかずにそのままがおすすめ。
あまり小さいものだとボリュームが出ないので、
中サイズくらいのものを。堂々、メインになります。

おすすめの保存量＞20尾
おいしく食べられる保存期間＞2～3週間

2ステップで冷凍

1 えびは背の殻の節目に竹串を入れ、背わたを取る。水でよく洗い、キッチンペーパーなどで水けをよく拭き取る。

2 冷凍用保存袋（大）に入れ、空気を抜きながら口を閉じ、できれば金属製トレイにのせて冷凍する。

えびとミニトマトのチリソース

甘みの強いミニトマトでジューシーに仕上げたチリソース。
豆板醬を入れなければ、子どもにもぴったり。

材料（2人分）
冷凍えび　10尾
ミニトマト　10個
にんにくのみじん切り　1かけ分
豆板醬（トウバンジャン）　小さじ1
サラダ油　大さじ1
A｜ケチャップ　大さじ3
　｜みりん　大さじ2
　｜顆粒鶏がらスープの素　小さじ1
　｜水　カップ1
　｜塩　小さじ½
　｜こしょう　少々
　｜片栗粉　大さじ½

作り方
1　ミニトマトはへたを取る。Aはよく混ぜ合わせる。
2　フライパンにサラダ油を中火で熱し、にんにく、豆板醬を加える。香りが立ってきたら、==冷凍えび、ミニトマトを加え、==全体に油がまわる程度に炒める。
3　Aを混ぜながら加え、とろみがつき、えびに火が通るまでよく混ぜながら4～5分煮る。

えびと卵の炒め物

たいてい冷蔵庫にある卵との組み合わせで主菜が完成。
卵液を大きくかき混ぜながらふんわり仕上げるのがコツ。

材料（2人分）
冷凍えび　10尾
にんじん　1/4本
万能ねぎ　3本
卵　3個
塩　小さじ1/3
こしょう　少々
サラダ油　大さじ1

作り方
1　冷凍えびはたっぷりの水に4〜5分つけて柔らかくし、尾を残して殻をむき、水けをよく拭き取る。
2　にんじんは皮をむいてせん切りにする。万能ねぎは5cm長さのざく切りにする。ボウルに卵を溶きほぐし、塩、こしょうを加えて混ぜる。
3　フライパンにサラダ油を中火で熱し、えび、にんじんを加え、えびの色が変わって焼き色がつくまで2〜3分炒める。万能ねぎを加え、全体に油がまわる程度に炒める。
4　2の卵液を加え、箸で大きく混ぜながら、全体にからめる。

あじの干物

足の早い青魚でも、干物になっているものは冷凍向き。
凍ったままグリルで焼いて食べられるので、
常備しておくと朝食のおかずなどに重宝します。
ちょっと手をかければ、ご覧のような立派な1品もすぐ作れます。

3ステップで冷凍

おすすめの保存量＞2尾（1尾120g）×2
おいしく食べられる保存期間＞2〜3週間

1 魚のパックを逆さまにして置き、ラップをていねいに開き、あれば脱水シートとトレイをはずす。

2 包まれていたラップで空気が入らないように包み直す。あじ2尾の間にラップをはさんでおくと取り出しやすい。もう1パックも同様に包む。

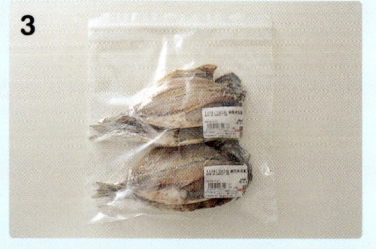

3 冷凍用保存袋（中）に入れ、空気を抜きながら口を閉じ、できれば金属製トレイにのせて冷凍する。

あじの冷や汁

食欲のない暑い季節にぴったりの宮崎の郷土料理。
ご飯のほか、豆腐やそうめんにかけてもおいしくいただけます。

材料（2人分）
冷凍あじの干物　2尾（240g）
きゅうり　1本
塩　少々
みょうが　2個
青じそ　5枚
A　みそ　大さじ2
　　だし汁（冷やしたもの）
　　　カップ3
　　おろししょうが　大さじ1
　　すり白ごま　大さじ2
温かいご飯　茶碗に2杯

作り方

1 <mark>冷凍あじの干物は凍ったまま魚焼きグリルで9〜10分焼く。</mark>粗熱がとれたら頭、骨を取り除き、細かくほぐす。

2 きゅうりは小口切りにし、塩をふり、しんなりするまで2〜3分おく。みょうがは輪切りにする。青じそは葉脈を取り、せん切りにして水にさらす。Aはよく混ぜ合わせる。

3 Aに1のあじを加え、きゅうり、みょうが、青じそを水けをよくきって加え、混ぜる。器にご飯を盛り、これをかける。

あじと長ねぎの香味レンジ蒸し

下に敷いたねぎ、たれに入れたしょうがとにんにく、
この3つの香味野菜の力で香り高い蒸し上がりに。

材料（2人分）
冷凍あじの干物　2尾（240g）
長ねぎ　1本
A いり白ごま　大さじ1
　しょうがのみじん切り　1/2かけ分
　にんにくのみじん切り　1/2かけ分
　酒　大さじ2
　豆板醤（トウバンジャン）　大さじ1/2
　ごま油　大さじ1

作り方
1　長ねぎは5cm長さに切り、縦4等分に切る。Aはよく混ぜ合わせる。
2　耐熱皿に長ねぎを広げ、上に冷凍あじの干物を凍ったまま皮を下にしてのせる。全体にAをかけ、ふんわりとラップをかけ、電子レンジで5〜6分加熱する。取り出さずにそのまま2〜3分おき、余熱で火を通す。
3　器に長ねぎ、あじを盛り、耐熱皿に残った蒸し汁をかける。

ちりめんじゃこ

冷蔵していればずっと食べられると思っている人も多いのですが、意外と保存期間が短いので、冷凍保存が最適。凍っていても冷蔵した状態とほとんど同じ感覚で調理できます。味だしになり、カルシウム補給ができるのも利点。

おすすめの保存量＞100g
おいしく食べられる保存期間＞約1ヵ月

1ステップで冷凍

1
冷凍用保存袋（小）に入れ、空気を抜きながら口を閉じ、できれば金属製トレイにのせて冷凍する。

じゃこといんげんの焼きびたし

多めの油で揚げ焼きにし、アツアツのうちにつけ酢につけます。すぐに食べてもいいけれど、次の日でもおいしい！

材料（2人分）
冷凍ちりめんじゃこ　25g
さやいんげん　20本
サラダ油　大さじ3
つけ酢
　しょうが　1かけ
　ポン酢しょうゆ（市販）　カップ¼
　水　カップ¼

作り方
1　いんげんはへたと筋を取り、4〜5cm長さの斜め切りにする。しょうがは皮をむいてせん切りにし、残りのつけ酢の材料と混ぜ合わせる。
2　フライパンにサラダ油を弱めの中火で熱し、**冷凍ちりめんじゃこを凍ったまま加え、**絶えず混ぜながらカリカリになるまで2〜3分炒める。いんげんを加え、いんげんの色が変わるまで1〜2分炒める。
3　2をキッチンペーパーの上に広げて油をきり、熱いうちにつけ酢につける。

カリカリじゃこの梅チャーハン

じゃこは初めにじっくりと炒め、カリカリにして。
魚のうまみと梅の酸味が口の中でほどよいハーモニーに。

材料（2人分）
冷凍ちりめんじゃこ　25g
温かいご飯　茶碗に2杯強
しし唐　8本
梅干し　3個
削り節　1パック（3g）
サラダ油　大さじ3
しょうゆ　小さじ1
塩、こしょう　各少々

作り方
1　しし唐は小口切りにする。梅干しは種を取り、粗く刻む。
2　フライパンにサラダ油を弱めの中火で熱し、<mark>冷凍ちりめんじゃこを凍ったまま加え、</mark>絶えず混ぜながらカリカリになるまで2〜3分炒め、キッチンペーパーの上に取り出す。
3　2のサラダ油が残ったフライパンを中火で熱し、しし唐を加え、全体に油がまわる程度に炒める。
4　温かいご飯を加えて木べらでほぐしながら炒め合わせる。削り節、梅肉を加え、さっくりと炒め合わせ、しょうゆ、塩、こしょうで調味する。器に盛り、2をのせる。

じゃこ、わかめ、青菜のふりかけ

よく炒めながら水分をとばして作ります。
冷や奴にかけたり、パスタ、うどんにからめても。

材料（作りやすい分量）
冷凍ちりめんじゃこ　25g
わかめ（塩蔵）　20g
青菜（小松菜、セロリの葉、大根の葉、かぶの葉など）　100g
ごま油　大さじ2
A｜しょうゆ　大さじ1½
　｜砂糖　大さじ½
　｜みりん　大さじ2

◆小松菜は冷凍のもの（P24）同量でもよい。

作り方
1　わかめは塩を水で洗い流し、水けをよくきってみじん切りにする。青菜は粗みじんに切る。Aはよく混ぜ合わせる。
2　フライパンにごま油を弱めの中火で熱し、<mark>冷凍ちりめんじゃこを凍ったまま加え、</mark>絶えず混ぜながらカリカリになるまで2〜3分炒める。
3　わかめ、青菜、Aを加え、全体に油がまわって水分がほとんどなくなるまで炒める。

◆冷凍小松菜を使う場合は、たっぷりの水をかけてから同様に調理する。

加工食品
木綿豆腐

冷凍するとスポンジ状になり、高野豆腐のような食感に。
生と同じ感覚では使えないのですが、
これはこれで味がよくしみておいしいものです。
新しい食材でレパートリーが増えると思ってぜひお試しを。

おすすめの保存量＞1丁（300g）
おいしく食べられる保存期間＞約1ヵ月

2ステップで冷凍

1 縦半分に切り、1cm厚さの12等分に切る。

2 冷凍用保存袋（中）に入れ、空気を抜きながら口を閉じ、できれば金属製トレイにのせて冷凍する。

凍ったままなら
並べるのも
ラク！

肉みそ豆腐グラタン

豆腐の間に肉みそをサンドして焼き上げます。
和風のみそ味と洋風のチーズ味がみごとにマッチ！

材料（2人分）
冷凍木綿豆腐
　　6切れ（150g・½丁分）
肉みそ
　・鶏ひき肉　100g
　・しょうがのみじん切り　1かけ分
　・長ねぎのみじん切り　10cm分
　・みそ　大さじ2
　・酒　大さじ1
　・砂糖　小さじ1
　・ごま油　大さじ½
　・ピザ用チーズ　カップ½（40g）

作り方
1　肉みその材料はよく混ぜ合わせる。
2　耐熱容器に、間に肉みそをはさみながら、==冷凍木綿豆腐を凍ったまま並べる。==アルミホイルをかぶせ、オーブントースターで20〜25分焼く。
3　豆腐が柔らかくなり、肉みその色が変わったらいったん取り出す。キッチンペーパーでしみ出た水けを吸い取り、再びオーブントースターでチーズが溶けるまで5〜6分焼く。

豆腐とかにかまぼこの卵とじ

とろみのあるあん仕立てなので味がよくからみ、食べごたえも出ます。ご飯にかけてもいけます。

材料（2人分）
冷凍木綿豆腐　6切れ（150g・½丁分）
かにかまぼこ　6本
卵　2個
A｜顆粒鶏がらスープの素　小さじ1
　｜酒　大さじ1
　｜水　カップ½
　｜片栗粉　小さじ1
塩、こしょう　各少々
万能ねぎの小口切り　適宜

作り方
1　かにかまぼこは2cm幅に切る。卵は溶きほぐす。Aはよく混ぜ合わせる。
2　フライパンにAを入れ、よく混ぜながら中火で熱する。とろみがついて沸騰したら、冷凍木綿豆腐を加え、ふたをする。途中で裏返して3〜4分煮て、豆腐が柔らかくなったら、木べらなどで一口大に切る。
3　かにかまぼこを加えて軽く炒め合わせ、塩、こしょうで調味する。溶き卵を加え、箸で大きく混ぜながら、半熟状になるまで火を通す。器に盛り、あれば万能ねぎの小口切りを散らす。

おぼろ豆腐のしょうがスープ

ほろほろにくずした豆腐の食感が味わい深い。しょうがのきいたスープもからだにしみ込むよう。

材料（2人分）
冷凍木綿豆腐　6切れ（150g・½丁分）
顆粒鶏がらスープの素　小さじ1
水　カップ2
おろししょうが　小さじ2
塩、こしょう　各少々

作り方
1　鍋に冷凍木綿豆腐、鶏がらスープの素、水を入れ、弱めの中火で熱し、ふたをして豆腐が柔らかくなるまで4〜5分煮る。
2　豆腐を木べらなどで粗くつぶし、おろししょうが小さじ1を加えて一煮立ちさせ、塩、こしょうで調味する。器に盛り、残りのおろししょうがを添える。

豆腐ステーキ

なすといっしょに焼いて、飽きずに食べられるように工夫しました。
ゆずこしょうのきいたたれがよくしみ込みます。

材料(2人分)
冷凍木綿豆腐
　　6切れ(150g・½丁分)
なす　2本
A｜ゆずこしょう　小さじ1
　｜しょうゆ　大さじ2
　｜酒　大さじ3
サラダ油　大さじ3
青じそ　適宜

作り方
1　なすは1cm厚さの輪切りにする。Aはよく混ぜ合わせる。
2　フライパンにサラダ油大さじ2を中火で熱し、なすを加え、しんなりするまで両面を2〜3分焼きつける。いったん取り出す。
3　2のフライパンにサラダ油大さじ1を足して弱めの中火で熱し、**冷凍木綿豆腐を並べ入れ、**ふたをして3〜4分蒸し焼きにする。
4　豆腐が柔らかくなったら中火にし、なすを戻し入れる。Aを加え、豆腐、なすにからめながら1〜2分煮詰める。器に盛り、あれば青じそを刻んで散らす。

油揚げ

小さく切る必要なんてありません。
冷凍室から出してちょっと何かをしている間に、
もう包丁で切れるのですから。淡白な味の食材ですが、
油のうまみがあるので、少々加えるだけで味に違いが出ます。

おすすめの保存量＞3枚
おいしく食べられる保存期間＞約1ヵ月

2ステップで冷凍

1 1枚ずつラップで空気が入らないように包む。

2 冷凍用保存袋（中）に入れ、空気を抜きながら口を閉じ、できれば金属製トレイにのせて冷凍する。

カリカリ揚げのシーザーサラダ

定番のフランスパンを油揚げにかえてみたら、うまみが倍増。
ちょっと和風になっておかず感がアップします。

材料（2人分）
冷凍油揚げ　1枚
好みのレタス（レタス、サニーレタスなど）　合わせて4枚
ドレッシング
・おろしにんにく　小さじ½
・粉チーズ　大さじ2
・オリーブ油　大さじ2
・酢　大さじ2
・塩、こしょう　各少々

作り方
1 <mark>冷凍油揚げは室温に2～3分おいて柔らかくし、</mark>切りやすくなったら1cm角に切る。
2 オーブントースターの天パンにアルミホイルを敷き、油揚げを並べ、薄く色づいてカリッとするまで2～3分焼く。
3 レタスは芯を取りながら、一口大に手でちぎる。大きめのボウルにドレッシングの材料をよく混ぜ合わせ、油揚げ、レタスを加えてさっくりと混ぜ、器に盛る。

切り干し大根の煮物

しみじみとした煮物は食卓にあるとほっとします。
油揚げを大きめに切り、煮干しも加え具だくさんに。

材料(2人分)
冷凍油揚げ　2枚
切り干し大根　40g
にんじん　1/3本(50g)
煮干し　7〜8本(20g)
水　カップ2

A ┤ 砂糖　大さじ3
　├ しょうゆ　大さじ2 1/2
　└ 酒　大さじ3

◆にんじんは冷凍のもの(P36)同量でもよい。

作り方
1　**冷凍油揚げは室温に2〜3分おいて柔らかくし、**横半分に切り、2cm幅に切る。
2　切り干し大根は水で汚れを落としながらよく洗い、水けをきり、ざく切りにする。にんじんは皮をむき、縦半分に切り、3〜4mm厚さの半月切りにする。煮干しは頭と内臓を取る。
3　鍋に水、煮干しを入れて中火で沸かし、油揚げ、切り干し大根、にんじんを加え、ふたをして10分煮る。Aを混ぜて加え、煮汁が半分くらいになるまでときどき混ぜながら4〜5分煮る。

◆冷凍にんじんを使う場合でも、作り方は同様でよい。

油揚げの和風ピザ

油揚げ1枚がサクサク香ばしいおつまみに変身。
甘辛い佃煮と塩辛いチーズが意外とマッチ!

材料(2人分)
冷凍油揚げ　2枚
長ねぎ　10cm
のりの佃煮　小さじ4
ピザ用チーズ　カップ1/2(40g)

作り方
1　長ねぎは小口切りにする。
2　オーブントースターの天パンにアルミホイルを敷き、**冷凍油揚げを凍ったまま並べる。**油揚げ全体にのりの佃煮を1/2量ずつ塗り、ピザ用チーズ、長ねぎの順に1/2量ずつのせる。
3　オーブントースターで、チーズが溶けて焼き色がつくまで4〜5分焼く。

ちくわ

野菜だけでは物足りない、というときに役立つおなじみのお手頃食材です。練り物のうまみは意外と濃く、満足感の高いおかずに。これも冷凍室から出して2～3分もすれば包丁が入るので扱いがラク！

1ステップで冷凍

おすすめの保存量＞4本（1袋）
おいしく食べられる保存期間＞約1ヵ月

冷凍用保存袋（小）に入れ、空気を抜きながら口を閉じ、できれば金属製トレイにのせて冷凍する。

ちくわの変わりてんぷら2種

揚げるだけなのにうまみが凝縮されたように感じます。衣に香りのものを混ぜるだけでランクアップ！

材料（2人分）
冷凍ちくわ　4本
ゆかり衣
・ゆかり　小さじ1
・小麦粉　大さじ2
・水　大さじ1½
・塩　少々
青のり衣
・青のり　小さじ1
・小麦粉　大さじ2
・水　大さじ1½
・塩　少々
揚げ油　適量

作り方
1　冷凍ちくわは室温に2～3分おいて柔らかくしてから、長さを半分に切り、縦4等分に切る。
2　ボウルにゆかり衣の材料を入れてさっくりと混ぜる。もう1つのボウルに青のり衣の材料を入れてさっくりと混ぜる。
3　ちくわを½量ずつそれぞれの衣に加え、衣を全体にからめ、そのまま3～4分おく。
4　揚げ油を中温（170度）に熱し、ちくわに衣をからめながら加え、ときどき裏返しながらカリッとするまで2～3分揚げる。

ちくわとこんにゃくの きんぴら

ごま油でいりつけた、常備菜にもなるおかず。
黒と白の2種類のごまで風味豊か。

材料(2人分)
冷凍ちくわ　2本
こんにゃく　1/3枚(100g)
ごま油　大さじ1
A ┬ しょうゆ　大さじ1
　├ 砂糖　大さじ1
　└ 酒　大さじ1
いり黒ごま、いり白ごま　各適量

作り方
1　==冷凍ちくわは室温に2〜3分おいて柔らかくし、==5mm幅の斜め切りにする。
2　こんにゃくは5mm厚さの3cm角に切る。Aはよく混ぜ合わせる。
3　フライパンにごま油を中火で熱し、ちくわ、こんにゃくを加え、1〜2分炒める。Aを加え、ときどき混ぜながら汁けがほとんどなくなるまで3〜4分いりつける。器に盛り、ごまをふる。

ちくわとグリンピースの ココット

チーズをつなぎにして焼き上げました。
アルミホイルのカップで作ればお弁当のおかずにも。

材料(2人分)
冷凍ちくわ　2本
グリンピース(冷凍)　大さじ6
ピザ用チーズ　カップ3/4(60g)

作り方
1　==冷凍ちくわは室温に2〜3分おいて柔らかくし、==5mm厚さの小口切りにする。
2　ボウルにちくわ、グリンピース、ピザ用チーズを入れてさっくりと混ぜ合わせ、耐熱容器に等分にして入れる。
3　オーブントースターで、材料に火が通り、チーズが溶けて焼き色がつくまで6〜7分焼く。

残ってもムダにしない！ 使いやすい！
食材別冷凍法

ご飯
おいしく食べられる保存期間 > 1〜2ヵ月

主食→

粗熱がとれたら茶碗1杯分（約150g）ずつ10cm角程度に広げて平らにし、ラップで包む。冷凍用保存袋に入れて空気を抜きながら口を閉じ、できれば金属製トレイにのせて冷凍する。温めるときは、ラップごと電子レンジで3分〜3分30秒加熱。雑炊やおかゆのときは、凍ったまま煮汁に入れて加熱し、ほぐして調理OK。

もち
おいしく食べられる保存期間 > 1〜2ヵ月

個別包装でないものはかびやすいので冷凍がおすすめ。冷凍用保存袋に入れて空気を抜きながら口を閉じ、できれば金属製トレイにのせて冷凍する。焼くときは、凍ったままオーブントースターで7〜8分焼く。お雑煮やお汁粉を作るときは凍ったまま煮汁に入れ、加熱しながら解凍する。

ハム・ベーコン
おいしく食べられる保存期間 > 約1ヵ月

2〜3枚ずつ、間にもラップをはさみながらラップで包む。冷凍用保存袋に入れて空気を抜きながら口を閉じ、できれば金属製トレイにのせて冷凍する。使うときは必要分を取り出し、室温に2〜3分おけばすぐに柔らかくなって扱いやすくなる。ハムは凍ったままサラダに入れても食べる頃には解凍している。

麺類
おいしく食べられる保存期間 > 1〜2ヵ月

買ってきた袋ごと冷凍してOK。汁麺にするときは袋から取り出し、凍ったまま煮汁に入れて加熱し、ほぐして調理すればよい。焼きそばなどのように炒める場合は、袋に空気穴をあけ、電子レンジで3分〜3分30秒加熱して解凍してから使用する。

スパゲティ・マカロニ
おいしく食べられる保存期間 > 1〜2ヵ月

ゆでたものが残ったときにも便利。ゆでて水けをきり、粗熱をとったものを1人分（約200g）ずつ小分けにして冷凍用保存袋に入れる。空気を抜きながら口を閉じ、できれば金属製トレイにのせて冷凍する。使うときは保存袋の口を少しあけ、電子レンジで3分〜3分30秒加熱して解凍し、ソースをのせたり、サラダなどに。

練り物
おいしく食べられる保存期間 > 約1ヵ月

さつま揚げは袋から出し、かまぼこやはんぺんは食べやすく切り、冷凍用保存袋に入れて空気を抜きながら口を閉じ、できれば金属製トレイにのせて冷凍する。さつま揚げは凍ったままフライパンに入れ、ふたをして弱火で4〜5分蒸し焼きにして食べる。かまぼこは自然解凍。おでんやうどんには凍ったまま入れて加熱OK。

パン
おいしく食べられる保存期間 > 1〜2ヵ月

袋入りのまま冷凍するか、開封したものが残った場合は1枚ずつラップで包み、冷凍用保存袋に入れて空気を抜きながら口を閉じ、できれば金属製トレイにのせて冷凍する。トーストやピザトーストであれば、凍ったままオーブントースターで焼く。解凍する場合は自然解凍で。

ウインナソーセージ
おいしく食べられる保存期間 > 約1ヵ月

加工食品→

袋から出し、冷凍用保存袋に入れて空気を抜きながら口を閉じ、できれば金属製トレイにのせて冷凍する。ソテーにするときは、凍ったままフライパンに入れ、ふたをして弱火で4〜5分蒸し焼きにすればOK。ボイルするときは凍ったまま熱湯に入れて4〜5分加熱すればよい。

明太子
おいしく食べられる保存期間 > 2〜3週間

2cm幅のぶつ切りにし、小さめの密閉容器に入れて冷凍する。そのままご飯にのせて食べたり、ペースト状にしたいときは、必要分を室温に4〜5分おき、柔らかくなってから使えばよい。焼くときは凍ったままアルミホイルで包み、オーブントースターで10〜12分加熱する。たらこも同様。

ちょっと残ってしまった、なかなか使いきれない、そんな食材はけっこうあります。
結局腐らせてしまったり、賞味期限が切れてしまったり。そんなものたちの中には「じつは冷凍できる」というものがたくさんあります。使いやすさまで考えた、ベストな冷凍方法をご紹介しましょう。

イクラ
おいしく食べられる保存期間＞2〜3週間

一度にたくさん食べるものではないだけに、冷凍しておくと便利。トッピングに少し使うだけで、ちらし寿司やパスタ、サラダがぐんとグレードアップ。調味液とともに、小さめの密閉容器に入れて冷凍する。食べるときは、室温に4〜5分おいて柔らかくし、必要分をスプーンですくって取り出せばよい。

漬物・佃煮
おいしく食べられる保存期間＞1〜2ヵ月

食べ残して最後は腐らせがちなものなので早めに冷凍を。食べ忘れがちな瓶詰も移しかえるのがおすすめ。漬物は切り分け、佃煮はそのまま、それぞれ小さめの密閉容器に入れて冷凍する。食べるときは室温に4〜5分おいて柔らかくし、必要分を取り出して使う。

しょうが
おいしく食べられる保存期間＞約1ヵ月

香味野菜→

少量入れるだけで味に差が出るものだからこそ、使いやすい状態で冷凍しておきたいもの。皮をむいてすりおろし、10cm角くらいに広げ、ラップではさむように包んで冷凍する。こうしておけば、使うときは必要分だけ折って、凍ったまま使えるので重宝。

納豆
おいしく食べられる保存期間＞約1ヵ月

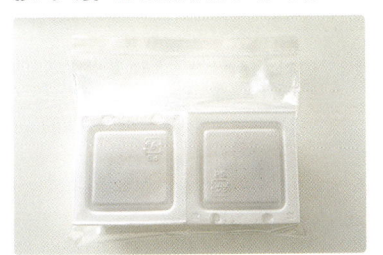

パックのまま冷凍室に入れておけばいいだけ。酸化や臭い移りしないよう、冷凍用保存袋に入れて空気を抜きながら口を閉じ、できれば金属製トレイにのせて冷凍する。パックごと室温に15〜20分おき、柔らかくしてから生の納豆と同様に使う。

餃子の皮
おいしく食べられる保存期間＞1〜2ヵ月

開封済みの残ったものなら、ラップで包み、冷凍用保存袋に入れて空気を抜きながら口を閉じ、できれば金属製トレイにのせて冷凍する。開封していないものなら、袋入りのまま冷凍しておけばよい。室温に4〜5分おき、自然解凍してから使う。春巻き、シューマイの皮も同様。

ねぎ類
おいしく食べられる保存期間＞約1ヵ月

小口切りにし、キッチンペーパーの上に広げて水けを吸わせてから、小さめの密閉容器に入れて冷凍する。使うときは、凍ったまま必要分だけスプーンなどですくえばOK。とくにすぐにしおれてしまう万能ねぎにはおすすめの冷凍法。

こんにゃく・しらたき
おいしく食べられる保存期間＞1〜2ヵ月

冷凍すると食感は生のものと変わってしまうが、穴ができて味がしみやすくなる。食べやすい大きさに切り、水けをきったものを冷凍用保存袋に入れ、空気を抜きながら口を閉じ、できれば金属製トレイにのせて冷凍する。使うときは必要分を取り出し、凍ったまま煮たり、炒めたりできる。

トマト水煮
おいしく食べられる保存期間＞1〜2ヵ月

1缶使いきれなかったときは残りを冷凍。冷凍用保存袋に入れ、空気を抜きながら口を閉じ、できれば金属製トレイにのせて冷凍する。使うときは保存袋の口を少しだけあけ、電子レンジで解凍してからパスタや煮込みなどに。自分で作ったトマトソースも同じ要領で冷凍できる。

にんにく
おいしく食べられる保存期間＞約1ヵ月

皮をむいてみじん切りにし、10cm角くらいに広げてはさむようにラップで包み、シート状にして冷凍する。これも必要分だけ折って使う。すりおろすよりも香りがとばず、水けも出ないので扱いやすい。

青じそ
おいしく食べられる保存期間 > 約1ヵ月

冷凍すると色は多少悪くなるが、香りは楽しめる。葉脈を取って粗く刻み、キッチンペーパーの上に広げて水けを吸わせ、小さめの密閉容器に入れて冷凍する。使うときは、必要分だけスプーンなどですくって取り出す。

いなりの油揚げ
おいしく食べられる保存期間 > 約1ヵ月

調理済み食品↓

油揚げは煮上がった状態でも冷凍可能。横半分に切って袋状にし、油揚げ3枚に対し、だし汁カップ1、しょうゆ大さじ2、砂糖大さじ2で煮含めたら、粗熱をとり、密閉容器に煮汁ごと入れて冷凍する。使うときは室温に15～20分おいて自然解凍。いなり寿司にするほか、そのままうどんにのせてもおいしい。

あん
おいしく食べられる保存期間 > 1～2ヵ月

自分で作ったものも、市販のものも同じ方法で冷凍可能。冷凍用保存袋に200gくらいずつ小分けにして入れ、空気を抜きながら口を閉じ、できれば金属製トレイにのせて冷凍する。そのまま食べるときは、室温に15～20分おいて自然解凍。お汁粉などにするときは、凍ったまま鍋に入れて弱火で熱し、加熱しながら解凍する。

パセリ
おいしく食べられる保存期間 > 約1ヵ月

わざわざ買わないものだが、冷凍して常備する方法なら出番が多くなるはず。みじん切りにし、キッチンペーパーの上に広げて水けを吸わせ、小さめの密閉容器に入れて冷凍する。必要分だけスプーンなどですくって使う。トッピングにするほか、パン粉やドレッシングに混ぜて使うのもおすすめ。

だし汁
おいしく食べられる保存期間 > 1～2ヵ月

おすすめの冷凍法は2通り。製氷皿で小分けにして冷凍し、凍ったら冷凍用保存袋に移し、空気を抜きながら口を閉じて保存する。または、使いやすい分量（200mlくらい）に小分けし、小さめの密閉容器に入れて冷凍する。密閉容器はガラス製のものは割れる可能性があるので避けて。

ホットケーキ
おいしく食べられる保存期間 > 約1ヵ月

食べ残しの保存や、まとめて焼いておやつ用に。1枚ずつラップで包み、冷凍用保存袋に入れて空気を抜きながら口を閉じ、できれば金属製トレイにのせて冷凍する。食べるときはラップをはずし、凍ったままフライパンに入れてふたをして弱火にかけ、蒸し焼きにすればふっくら。

レモン
おいしく食べられる保存期間 > 1～2ヵ月

薄切りにし、間にラップをはさみながら小さめの密閉容器に重ね入れ、最後にラップをかぶせて冷凍する。こうしておけば1枚ずつでも使える。レモンティーには凍ったまま熱い紅茶液に加え、マリネなどにも凍ったまま調味液に加え、4～5分つければ解凍する。

卵焼き
おいしく食べられる保存期間 > 2～3週間

生の卵は冷凍できないが、卵焼きや錦糸卵など、焼いてしまえば大丈夫。卵焼きは粗熱がとれてから切り分け、錦糸卵は薄焼き卵をせん切りにして作る。それぞれ冷凍用保存袋に入れて空気を抜きながら口を閉じ、できれば金属製トレイにのせて冷凍する。凍ったままお弁当に入れるほか、室温に4～5分おいて自然解凍して使う。

和菓子・ケーキ
おいしく食べられる保存期間 > 約1ヵ月

たくさんいただいて食べきれなかったりしたときは、味が落ちないうちに冷凍を。ロールケーキなどは切り分け、1個ずつラップで包む。これを冷凍用保存袋に入れ、空気を抜きながら口を閉じ、できれば金属製トレイにのせて冷凍する。食べるときは室温に15～20分おいて自然解凍すればよい。

バター
おいしく食べられる保存期間 ＞ 1～2ヵ月

乳製品

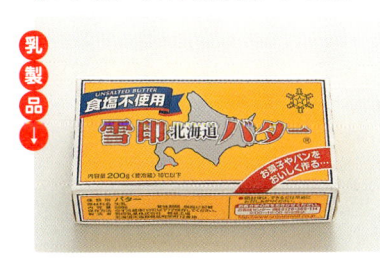

切らしたくない食材だが、長期の冷蔵保存は風味が落ちるうえ、酸化の心配もあるので冷凍したい。これは箱入りのまま冷凍すれば風味よく、使うときは冷蔵庫に入れ、自然解凍すればよい。

切り干し大根・干ししいたけ
おいしく食べられる保存期間 ＞ 1～2ヵ月

粉・乾物類

乾物はすぐ使える状態で冷凍しておけば重宝。切り干し大根は水でもどしてざく切りにし、干ししいたけは水につけてもどし、ともに水けを軽く絞る。それぞれ使いやすい分量ずつ、冷凍用保存袋に入れ、空気を抜きながら口を閉じ、できれば金属製トレイにのせて冷凍する。使うときは、凍ったまま煮汁に加えて加熱調理すればよい。

茶・コーヒー
おいしく食べられる保存期間 ＞ 6ヵ月～1年

香りを逃がさずに保存するなら冷凍が最適。コーヒーは香りを吸いやすいのでできるだけ袋から出さず、使いかけのものはセロハンテープなどで口を閉じて。どちらもそれぞれ冷凍用保存袋に入れ、空気を抜きながら口を閉じて冷凍する。状態は変わらないので、凍ったまま必要分を取り出して使える。

ピザ用チーズ
おいしく食べられる保存期間 ＞ 1～2ヵ月

意外にもかびやすい食材なので冷凍がおすすめ。袋から出して冷凍用保存袋に入れ、空気を抜きながら口を閉じ、できれば金属製トレイにのせて冷凍する。使うときは凍ったままでいいので便利。必要分を折って取り出し、ピザトーストやグラタンに。

ナッツ類
おいしく食べられる保存期間 ＞ 6ヵ月～1年

ナッツやごまなどは油分が多く、酸化して風味が落ちるので、すぐに使わないのであれば冷凍が望ましい。冷凍用保存袋に入れ、空気を抜きながら口を閉じて冷凍する。未開封のものなら袋入りのまま冷凍すればよい。カチカチには凍らないので、凍ったまま必要分を取り出して使えばよい。

香辛料
おいしく食べられる保存期間 ＞ 6ヵ月～1年

使いきれないうちに香りが落ちてしまうので、ぜひ冷凍を。唐辛子やローリエなどは冷凍用保存袋に入れ、空気を抜きながら口を閉じて冷凍する。冷凍しても状態は変わらないので、凍ったまま必要分を取り出して使えばよい。

生クリーム
おいしく食べられる保存期間 ＞ 約1ヵ月

使いきれずに残ったら泡立てれば冷凍OK。固めに泡立て、小さめの密閉容器にラップを敷き、大さじ1くらいずつを落とし入れて冷凍。シチューなどには凍ったまま煮汁に加えて、加熱しながら溶かす。コーヒーなどにも凍ったまま入れてよい。

ドライフルーツ
おいしく食べられる保存期間 ＞ 6ヵ月～1年

水分が抜けている食材なのでもともと保存期間は長いが、冷凍すればさらに長くなる。また、冷凍保存すると香りが逃げないし、変色も防げる。冷凍用保存袋に入れ、空気を抜きながら口を閉じて冷凍する。凍ったまま必要分を取り出して使えるので、お菓子作りやサラダにどんどん活用して。

ドライイースト
おいしく食べられる保存期間 ＞ 6ヵ月～1年

常温保存ができそうな食材だが徐々に劣化する。冷凍しておくと発酵する力が弱まらず、維持できる。未開封のものはそのまま、開封したらセロハンテープなどで口を閉じて冷凍用保存袋に入れ、空気を抜きながら口を閉じて冷凍する。凍っても状態は変わらないので、そのまま必要分を取り出して使えばよい。

さくいん

食材名は五十音順で掲載しています。

[肉]

合いびき肉
- ひき肉チーズステーキ　きのこソース　81
- ひき肉となすの炒め煮　カレー風味　82
- タコライス　83

牛こま切れ肉
- 甘みそ焼き肉サラダ　84
- 牛こま切れのビーフシチュー　85

スペアリブ
- スペアリブ、長ねぎ、エリンギのみそ蒸し　76
- ポークビーンズ　77

手羽先
- ゆで鶏のラー油あえ　72
- 手羽先のごま塩焼き　73

鶏むね肉
- あっさり唐揚げ　70
- 鶏肉と根菜のうま煮　71

鶏もも肉
- 鶏のサイコロ照り焼き　68
- チキンカレー　69

豚薄切り肉
- 重ねとんかつ　13
- 豚肉とキャベツの梅風味蒸し　14
- 豚肉と玉ねぎの洋風蒸し　14
- 豚肉ともやしのしょうが焼き風　15

豚こま切れ肉
- ごま風味の豚キムチ炒め　74
- 豚肉と玉ねぎの肉てん　75

豚ひき肉
- サイコロステーキ　甘酢あんかけ　78
- 肉みそレタス包み　79

[魚介]

あさり
- あさりのすまし汁　16
- スパゲティ　ボンゴレ　17
- あさりとブロッコリーの酒蒸し　18
- あさりのチゲ仕立て　19

あじの干物
- あじの冷や汁　94
- あじと長ねぎの香味レンジ蒸し　95

甘塩鮭
- 鮭、じゃが芋、コーンのみそバター焼き　87
- 鮭のかやくご飯　88
- 鮭のトマトクリームソース　89

いか
- いかのねぎ塩炒め　90
- いかとパプリカのピーナッツあえ　91

えび
- えびとミニトマトのチリソース　92
- えびと卵の炒め物　93

ちりめんじゃこ
- じゃこといんげんの焼きびたし　96
- カリカリじゃこの梅チャーハン　97
- じゃこ、わかめ、青菜のふりかけ　97

[野菜]

アスパラガス
- アスパラとたこのアンチョビ炒め　42
- アスパラと卵のマカロニサラダ　43
- アスパラとたらこのさっと煮　43

かぼちゃ
- かぼちゃと豚肉の山椒炒め　50
- かぼちゃとウインナのクリームシチュー　51
- かぼちゃのシンプルフライ　51

きのこ
- しめじと山菜のうどん　28
- エリンギのピザトースト　29
- きのこのガーリックパン粉炒め　30
- しめじの炊き込みご飯　31

キャベツ
- キャベツと鶏肉の治部煮　39
- キャベツのカレースープ　40
- コールスローサラダ　40
- キャベツと豚とろの甘辛みそ炒め　41

ごぼう
　ごぼうとねぎとろのさつま揚げ　56
　ごぼうと豆腐の卵とじ　57
　ごぼうのペペロンチーノ　57
小松菜
　小松菜と油揚げの煮びたし　25
　小松菜のごまあえ　25
　小松菜とむきえびのうま煮　26
　小松菜のねぎ塩チャンプルー　27
じゃが芋
　豚じゃが　52
　フライドポテト2種　53
　カリカリベーコンのポテトサラダ　53
セロリ
　セロリの棒餃子　46
　セロリとお刺身の和風カルパッチョ　47
　セロリと豚こま切れ肉の高菜炒め　47
大根
　大根と揚げボールの和風煮　61
　大根とたこのなます　ゆずこしょう風味　62
　大根のしょうゆ漬け　63
　大根、水菜、ベーコンのスープ　63
玉ねぎ
　ポークハヤシライス　20
　かつおのオニオンマスタードマリネ　22
　牛肉のバターソテー　オニオンソース　23
トマト
　トマト麻婆　44
　トマトの炒めそうめん　45
　イタリアン目玉焼き　45
長ねぎ
　長ねぎと蒸し鶏のおひたし風サラダ　58
　長ねぎと焼き豚のごまだれあえ麺　59
　長ねぎと牛こま切れのすき焼き　59
にんじん
　おかずひじき　36
　にんじんとツナのカレー風味サラダ　37
　にんじんと桜えびのかき揚げ　37

白菜
　白菜とえびのタイ風サラダ　64
　即席白菜キムチ　65
　白菜、豚ばら、しいたけのとろとろ煮　65
パプリカ
　パプリカのレンジマリネ　49
　パプリカと豆腐の青じそ風味サラダ　49
ピーマン
　ピーマンのくたくた煮　48
　ピーマンと鶏肉の鍋しぎ　48
ブロッコリー
　ブロッコリーとウインナのコーングラタン　34
　ブロッコリーのかきたま汁　35
　ブロッコリーの帆立てあんかけ　35
れんこん
　れんこんのえびはさみ焼き　54
　れんこんと手羽の照り煮　55
　れんこんのカレーマヨ炒め　55

[加工食品]
油揚げ
　カリカリ揚げのシーザーサラダ　102
　切り干し大根の煮物　103
　油揚げの和風ピザ　103
ちくわ
　ちくわの変わりてんぷら2種　104
　ちくわとこんにゃくのきんぴら　105
　ちくわとグリンピースのココット　105
木綿豆腐
　肉みそ豆腐グラタン　99
　豆腐とかにかまぼこの卵とじ　100
　おぼろ豆腐のしょうがスープ　100
　豆腐ステーキ　101

村田裕子 むらたゆうこ

料理研究家、管理栄養士。
大学で和食、洋食、中華の基礎、および栄養学を学ぶ。卒業後、女性誌の編集に携わるも、かねてから念願の料理家へ転身。ジャンルを問わずこなし、企画力、提案力のあるレシピには定評がある。テレビ、雑誌、新聞などの仕事のかたわら、家電メーカーや食品会社のアドバイザー、専門学校の講師も務める。また、管理栄養士として、健康にかかわるテーマでも活動の場を広げている。本書では、得意分野でもある冷凍のテーマで、画期的な「ダイレクトフリージング」を提案。『ごちそうの教科書』『おいしいから毎日食べたいお酢料理』(以上、講談社)、『フードプロセッサーで絶対作りたくなるレシピ』(主婦と生活社)など多数の著書がある。http://www.yukomurata.com

撮影	青砥茂樹 (本社写真部)
デザイン	茂木隆行
スタイリング	久保百合子
料理アシスタント	小野寺千歳
企画・編集	野沢恭恵

講談社のお料理BOOK
下ごしらえなし！ 凍ったまま調理！
史上最ラク フリージング大革命

2009年6月25日　第1刷発行
2009年8月7日　第2刷発行

著者　村田裕子
　　　Ⓒ Yuko Murata 2009, Printed in Japan

発行者　鈴木 哲
発行所　株式会社講談社
　　　　〒112-8001　東京都文京区音羽2-12-21
電話　編集部　03-5395-3527
　　　販売部　03-5395-3625
　　　業務部　03-5395-3615
印刷所　大日本印刷株式会社
製本所　株式会社若林製本工場

定価はカバーに表示してあります。
落丁本・乱丁本は購入書店名を明記のうえ、小社業務部あてにお送りください。
送料小社負担にてお取り替えいたします。
なお、この本についてのお問い合わせは、生活文化第一出版部あてにお願いいたします。
本書の無断複写(コピー)は著作権法上での例外を除き、禁じられています。
ISBN978-4-06-278415-3